Heiner Bielefeldt

Muslime im säkularen Rechtsstaat

Heiner Bielefeldt (Dr. phil.) ist Mitglied des Instituts für Interdisziplinäre Konflikt- und Gewaltforschung an der Universität Bielefeld und arbeitet zugleich als Privatdozent für Philosophie an der Universität Bremen.

Heiner Bielefeldt

Muslime im säkularen Rechtsstaat

Integrationschancen durch Religionsfreiheit

[transcript]

Bibliografische Information der Deutschen Bibliothek
Die Deutsche Bibliothek verzeichnet diese Publikation in der Deutschen Nationalbibliografie; detaillierte bibliografische Daten sind im Internet über http://dnb.ddb.de abrufbar.

Umschlaggestaltung: Kordula Röckenhaus, Bielefeld
Satz: digitron GmbH, Bielefeld
Druck: Majuskel Medienproduktion GmbH, Wetzlar
ISBN 3-89942-130-2

Inhalt

I Einführung

Der säkulare Rechtsstaat bildet die verbindliche Rahmenordnung, innerhalb derer Muslime als Minderheiten in der Bundesrepublik Deutschland und in anderen westeuropäischen Gesellschaften leben. Diese Situation wirft Fragen auf: Wie gehen Muslime mit dem säkularen Rechtsstaat um? Stellt er für gläubige Muslime eine an sich »fremde« Ordnungsstruktur dar, mit der sie sich lediglich aufgrund der gegebenen Mehrheits- und Machtverhältnisse – vorläufig oder auf Dauer – arrangieren müssen? Bietet die Säkularität des Rechtsstaats vielleicht auch Chancen zur Erprobung neuer Formen islamischer Selbstorganisation – womöglich sogar mit Auswirkungen über die Diaspora hinaus auf die islamischen Mehrheitsgesellschaften? Oder wird die Integration von Muslimen in die Strukturen und Institutionen eines westlichen säkularen Staates, wie von manchen prognostiziert, aufgrund religiöser und kultureller Hindernisse letztlich scheitern? Fragen richten sich aber auch an Staat und Gesellschaft: Ist es überhaupt legitim, Muslime auf die Säkularität von Staat und Recht verpflichten zu wollen? Wäre es nicht vielmehr ein Gebot der Toleranz, muslimischen Minderheiten in der multikulturellen Gesellschaft die Option offen zu halten, ihre gemeinschaftlichen Angelegenheiten (ganz oder teilweise) nach islamischem Recht statt nach säkularem Recht zu ordnen und damit den Geltungsanspruch des säkularen Staates zu relativieren? Stellt die Säkularität nicht ihrerseits eine Art von religiösem oder postreligiösem »Glauben« dar, der nur für diejenigen verbindlich sein sollte, die sich zu diesem Glauben freiwillig bekennen?

Solche und ähnliche Fragen nach dem Verhältnis von Islam und säkularem Rechtsstaat spielen in der aktuellen politischen Diskussion um die Präsenz muslimischer Minderheiten, um ihre Rechte und ihre gesellschaftliche Integration eine entscheidende Rolle. Manchmal werden sie explizit gestellt; oft aber sind sie eher implizit mit angesprochen, wenn konkrete politisch-rechtliche Konflikte – um den Bau repräsentativer Moscheen, den Ruf des Muezzin oder das Kopftuch muslimischer Lehrerinnen – zur Debatte stehen. Die Vehemenz, die sich in solchen Auseinandersetzungen vielfach zeigt, ist ein Hinweis darauf, dass dabei über den angemessenen Umgang mit Minderheiten hinaus auch das Selbstverständnis der Gesellschaft im Ganzen berührt ist.

Das Ziel des vorliegende Essays besteht darin, Orientierung in diesem Spannungsfeld zu finden.[1] Dies ist keine leichte Aufgabe. Die Schwierigkeiten fangen damit an, dass die Begriffe »Säkularität«, »Säkularisierung« sowie ihre Derivate sehr unterschiedliche, ja gegensätzliche Assoziationen hervorrufen. Sie beziehen sich nicht nur auf vielfältige Phänomene – von Veränderungen der privaten Lebensführung bis hin zur Struktur der modernen Gesellschaft –, sondern unterwerfen diese zugleich kontroversen Deutungen und Bewertungen, die sich zwischen Verlustängsten und Fortschrittserwartungen, zwischen dem Vorwurf illegitimer Enteignung religiöser Besitzstände und dem Anspruch auf Vollendung der in den monotheistischen Religionen vorangetriebenen Entsakralisierung der Welt bewegen.[2] Die Vieldeutigkeit

1 In Form einer ersten knappen Skizze sind Teile des folgenden Gedankengangs im Jahr 1999 als Aufsatz unter dem Titel »Muslime im säkularen Rechtsstaat. Vom Recht der Muslime zur Mitgestaltung der Gesellschaft« in der Reihe *Interkultureller Dialog* (Heft 2), herausgegeben von der Ausländerbeauftragten des Landes Bremen, erschienen.

2 Zur Diskussion vgl. nur exemplarisch Hermann Lübbe, *Säkularisierung. Geschichte eines ideenpolitischen Begriffs* (Freiburg i.Br./München: Alber, 1965); Hans Blumenberg, *Säkularisierung und Selbstbehauptung* (Frankfurt a.M.: Suhrkamp, 1974); *Kerygma und Mythos* VI (1977), Bd. IX; Gerhard Dilcher/Ilse Staff (Hg.), *Christentum und modernes Recht. Beiträge zum Problem der Säkularisierung* (Frankfurt a.M.: Suhrkamp, 1984); Walter Kerber (Hg.), *Säkularisierung und Wertewandel. Analysen und Überlegungen zur gesellschaftlichen Situation in Europa* (München: Kindt, 1986); Niklas Luhmann, »Die Ausdifferenzierung der Religion«, in: *Gesellschaftsstruktur und Semantik. Studien zur Wissenssoziologie der modernen Gesellschaft*, Bd. 3 (Frankfurt a.M.: Suhrkamp, 1989), S. 259-357; Erhard Forndran (Hg.), *Religion und Politik in einer säkularisierten Welt* (Baden-Baden: Nomos, 1991); Thomas Luckmann, *Die unsichtbare Religion* (Frankfurt a.M.: Suhrkamp, 1991); Mathias Hildebrandt/Manfred Brocker/Hartmut Behr (Hg.), *Säkularisierung und Resakralisierung in westlichen Gesellschaften. Ideenge-*

und Ambivalenz des Säkularisierungsbegriffs schwingt auch dann mit, wenn – wie in unserem Zusammenhang – im engeren Sinne von der *Säkularität des modernen Rechtsstaats* die Rede ist. Auch hier stehen Krisendiagnosen gegen Liberalisierungshoffnungen; Projekte der Überwindung religiös-politischer Ideologien stoßen auf den Verdacht, ihrerseits kryptoreligiösen Prämissen verhaftet zu sein; universalistische Postulate im Namen säkularer Menschenrechtsnormen geraten in Konflikt mit einer eurozentrischen Identitätspolitik, die die Säkularität von Staat und Recht als spezifisch abendländisches Erbe behauptet, das es gegen fremdkulturelle Einflüsse zu verteidigen gelte.

Im Versuch, eine Schneise in das Geflecht der vielen Fragen zu schlagen, unternehme ich zunächst in Kapitel II eine normative Bestimmung der Säkularität des Rechtsstaats, und zwar auf der Grundlage der *Religionsfreiheit*, die im Grundgesetz der Bundesrepublik Deutschland (wie auch in anderen europäischen Verfassungen) den Status eines allgemeinen Menschenrechts hat. Die Überlegungen geschehen stets im Blick auf muslimische Minderheiten, deren Präsenz und Ansprüche Grund zum erneuten Nachdenken über die Funktion des Säkularitätsprinzips in einer freiheitlichen Verfassung geben. Es geht mir darum zu zeigen, dass die Säkularität des Rechtsstaats die unerlässliche Voraussetzung für eine an Menschenrechten und Religionsfreiheit orientierte politische Gestaltung des religiösen und weltanschaulichen Pluralismus bildet und auch für muslimische Minderheiten Chancen bietet.

Die systematische Bezugnahme auf die Religionsfreiheit ermöglicht es, die rechtsstaatliche Säkularität gegenüber anderen Säkularitätsvorstellungen kritisch abzugrenzen. Dies ist das Thema in Kapitel III. Die autoritären Züge einiger ideologischer bzw. kulturalistischer Säkularitätskonzeptionen sollen wiederum anhand der Konsequenzen deutlich werden, die daraus jeweils für muslimische Minderheiten folgen. So wird Muslimen etwa von vornherein nur eine marginale Stellung im säkularen Staat eingeräumt, wenn man Letzteren in den Hori-

schichtliche und theoretische Perspektiven (Opladen: Westdeutscher Verlag, 2001).

zont einer exklusiv westlich-christlichen »Leitkultur« stellt, wie dies häufig geschieht.

Mein besonderes Interesse gilt sodann in Kapitel IV der Frage, ob und wie sich die Säkularität des Rechtsstaats von *muslimischer Seite* als sinnvolle Option verstehen lässt und welche Antworten Muslime auf die Frage nach dem Verhältnis von Scharia und säkularer staatlicher Rechtsordnung geben. Ein Problem besteht indessen darin, dass es systematische Untersuchungen zum Umgang muslimischer Minderheiten mit dem säkularen Rechtsstaat in Deutschland (oder auch in anderen europäischen Ländern) bislang nicht gibt. In eine adäquate Gesamteinschätzung müsste man über die Stellungnahmen muslimischer Intellektueller hinaus z.B. auch die mittlerweile sehr differenzierte islamische Verbandslandschaft sowie Fallstudien über die praktische Interaktion zwischen staatlichen Behörden und islamischen Verbänden einbeziehen.[3] All dies kann in der vorliegenden Schrift nicht ge-

3 Zu den islamischen Verbänden in Deutschland sind in den letzten Jahren eine Reihe von Studien erschienen. Vgl. z.B. Ministerium für Arbeit, Gesundheit und Soziales des Landes Nordrhein-Westfalen, *Türkische Muslime in Nordrhein-Westfalen*, erstellt vom Zentrum für Türkeistudien (3. überarb. Aufl., 1997); Nils Feindt-Riggers/Udo Steinbach, *Islamische Organisationen in Deutschland. Eine aktuelle Bestandsaufnahme und Analyse* (Hamburg: Deutsches Orient-Institut, 1997); Ursula Spuler-Stegemann, *Muslime in Deutschland. Informationen und Klärungen* (Freiburg i.Br.: Herder, 1998, 3. Aufl. 2002), S. 92ff.; Günter Seufert, »Die Türkisch-Islamische Union der türkischen Religionsbehörde (DITIB). Zwischen Integration und Isolation«, in: Günter Seufert/Jacques Waardenburg (Hg.), *Turkish Islam and Europe. Türkischer Islam und Europa* (Istanbul/Stuttgart: Steiner, 1999), S. 262-293; ders., »Die Milli-Görüs-Bewegung. Zwischen Integration und Isolation«, in: Seufert/Waardenburg (Hg.), *Turkish Islam and Europe*, a.a.O., S. 295-322; Bernhard Trautner, »Türkische Muslime, islamische Organisationen und religiöse Institutionen als soziale Träger des transstaatlichen Raumes Deutschland – Türkei«, in: Thomas Faist (Hg.), *Transstaatliche Räume. Politik, Wirtschaft und Kultur in und zwischen Deutschland und der Türkei* (Bielefeld: transcript, 2000), S. 57-86; Werner

schehen. Im Rückgriff auf exemplarische Aussagen, die sich im islamischen Schrifttum finden, habe ich stattdessen versucht, ohne Anspruch auf Vollständigkeit einige typische Facetten der Selbstverortung von Muslimen zum säkularen Rechtsstaat zu diskutieren. Ich bin dabei von der Annahme ausgegangen, dass es nicht nur eine Vielzahl von Positionen gibt, die Muslime im Blick auf den säkularen Rechtsstaat einnehmen, sondern dass außerdem längst auch lebenspraktische Eingewöhnungsprozesse in die säkularen Ordnungsstrukturen der »Diaspora« stattgefunden haben, deren längerfristige Auswirkungen auf das Selbstverständnis der Muslime und ihrer Organisationen noch nicht absehbar sind (und die zu studieren einen interessanten Gegenstand künftiger religionssoziologischer Untersuchungen bilden wird). Gegen die Vorstellung eines homogenen Islams, den manche Muslime als religiös-normatives Ideal vertreten mögen, der aber in der sozialen *Wirklichkeit* nirgendwo existiert,[4] soll deshalb im Weiteren von muslimischen Vorstellungen und Positionen stets im Plural die Rede sein.

Schiffauer, *Die Gottesmänner. Türkische Islamisten in Deutschland* (Frankfurt a.M.: Suhrkamp, 2000); Thomas Lemmen, *Islamische Organisationen in Deutschland* (Bonn: Forschungs- und Beratungszentrum der Friedrich-Ebert-Stiftung, 2000); ders., *Muslime in Deutschland. Eine Herausforderung für Staat und Kirche* (Baden-Baden: Nomos, 2001); Gerdien Jonker, *Eine Wellenlänge zu Gott: Der »Verband der islamischen Kulturzentren« in Europa* (Bielefeld: transcript, 2002); Levent Tezcan, »Inszenierungen kollektiver Identität, Artikulationen des politischen Islam – beobachtet auf den Massenversammlungen der türkisch-islamistischen Gruppe Milli Görüs«, in: *Soziale Welt* 2002, S. 303-324. Es liegen allerdings bislang kaum Studien über die Interaktion zwischen muslimischen Verbänden und der politischen Öffentlichkeit vor. Vgl. dazu Levent Tezcan, »Kulturelle Identität und Konflikt. Zur Rolle politischer und religiöser Gruppen der türkischen Minderheitsbevölkerung«, in: Wilhelm Heitmeyer/Reimund Anhut (Hg.), *Bedrohte Staatgesellschaft. Desintegrationsprozesse und ethnisch-kulturelle Konfliktkonstellationen* (Weinheim: Juventa, 2000), S. 401-448.

4 Vgl. Aziz Al-Azmeh, *Die Islamisierung des Islam. Imaginäre Welten einer politischen Theologie* (Frankfurt a.M.: Campus, 1996).

Um das Spannungsfeld von Islam und staatlicher Säkularität nicht auf eine konzeptionelle Fragestellung zu reduzieren, möchte ich anschließend in Kapitel V einige aktuelle *politisch-rechtliche Auseinandersetzungen* aufgreifen, und zwar wiederum hinsichtlich der Grundsatzfragen im Verhältnis von säkularem Rechtsstaat und islamischen Ansprüchen, die den konkreten Kontroversen zugrunde liegen. Näherhin geht es dabei um die Grenzen der Religionsfreiheit – ein Thema, das derzeit vor allem mit Bezug auf die Religionsausübung von Muslimen diskutiert wird; um die Möglichkeiten, im Rahmen des säkularen Rechtsstaats die islamische Scharia (bzw. Teile der Scharia) zu praktizieren; sowie um die Einführung eines islamischen Religionsunterrichts an öffentlichen Schulen.

Obwohl sich die vorliegende Schrift vornehmlich mit Fragen von Recht und Staat beschäftigt, handelt es sich nicht um eine juristische Studie. Wer einen Überblick über die rechtlichen, rechtswissenschaftlichen und gerichtlichen Auseinandersetzungen im Zusammenhang mit muslimischen Minderheiten in Deutschland sucht, sei auf die übersichtlichen und gut lesbaren Darstellungen von Mathias Rohe und Janbernd Oebbecke verwiesen.[5] Vielmehr stellen die folgenden Überlegungen einen Beitrag der *politischen Philosophie* dar. Das für das Selbstverständnis einer freiheitlichen Demokratie wichtige Prinzip der rechtsstaatlichen Säkularität soll so zur Sprache gebracht werden, dass sich in seinem Licht Orientierung für eine neue Situation – nämlich die Präsenz von Muslimen in der sich religiös weiter pluralisierenden Gesellschaft – finden lässt. Die Ausführungen beziehen Ergebnisse anderer wissenschaftlicher Disziplinen (insbesondere der Rechtswissenschaft, der Religionssoziologie und der Islamwissenschaft) mit ein, ohne dass der Anspruch erhoben werden kann, deren Diskussionsstand vollständig zu berücksichtigen.

5 Vgl. Mathias Rohe, *Der Islam – Alltagskonflikte und Lösungen. Rechtliche Perspektiven* (Freiburg i.Br.: Herder, 2. Aufl. 2001); Janbernd Oebbecke, »Das deutsche Recht und der Islam«, in: Adel Theodor Khoury/Peter Heine/Janbernd Oebbecke, *Handbuch Recht und Kultur des Islams in der deutschen Gesellschaft* (Gütersloh: Gütersloher Verlagshaus, 2000), S. 287-327.

Die im Folgenden vorgestellten Einschätzungen und Perspektiven habe ich nicht nur aus der einschlägigen Literatur, sondern mehr noch aus vielen Gesprächen gewonnen, die über die Jahre hinweg stattgefunden haben: mit Nicht-Muslimen und Muslimen (darunter Sunniten, Schiiten und Aleviten); mit entschieden religiösen Menschen und solchen, deren Verhältnis zur Religion durch Skepsis, Ablehnung oder Gleichgültigkeit geprägt ist; mit Anhängern interreligiöser Ökumene in den Kirchen; aber auch mit Menschen, denen die Präsenz des Islams in Deutschland eher Sorgen bereitet oder die sich als dezidierte Islamkritiker sehen. Wichtige Impulse verdanke ich auch Kolleginnen und Kollegen aus unterschiedlichen akademischen Disziplinen. Die Ausführungen verstehen sich als Anregung und Beitrag zur Weiterführung der Gespräche. Begriffliche Klarstellungen, normative Überlegungen und kritische Auseinandersetzungen stehen im Dienste dieses Ziels. Obwohl die Überlegungen durchaus in systematischer Absicht geschehen, bilden sie kein abgeschlossenes System. Wenn sie Anlass zu Ergänzungen, Einwänden und weiteren Klärungen geben, haben sie ihr Ziel erreicht.

II Zur Bestimmung der rechtsstaatlichen Säkularität

1. Das Prinzip der respektvollen Nicht-Identifikation

Das lateinische Wort »saeculum« hat die Bedeutungen von Welt, Weltzeit, Jahrhundert. Der Begriff der Säkularität charakterisiert den Staat demnach als ein *weltliches* Gebilde. Im Unterschied zum religiösen Staat hat der säkulare Staat weder eine religiöse Grundlage, noch steht er als »weltlicher Arm« im Dienste eines höheren religiösen Ziels. Als eine von Menschen für Menschen geschaffene Institution ist er ganz auf seine weltliche Ordnungs- und Gestaltungsfunktion konzentriert; in ihr besteht sein Daseinsgrund und in ihr findet er die Grenze seines Wirkens. Analog gilt für das staatlich gesetzte säkulare Recht, dass es weder eine religiöse Legitimation für sich in Anspruch nimmt noch als Medium zur Durchsetzung göttlicher Gebote fungiert, sondern sich auf die Regelung weltlicher Belange beschränkt.

Sofern man das Kennzeichen staatlicher Säkularität allein in der Differenz gegenüber einem religiösen Bekenntnisstaat sieht, wird man die große Mehrheit der Staaten heute als »säkular« bezeichnen müssen, so dass der Begriff kaum Trennschärfe entfaltet. Unter den in diesem weiten Wortsinne säkularen Staaten befinden sich Demokratien genauso wie Diktaturen, liberale wie autoritäre Staaten, freiheitliche Republiken und autokratische Regime. Verzichtet man auf weitere Qualifikationen, befinden sich der Irak Saddam Husseins, die türkische Republik sowie die Vereinigten Staaten von Amerika in ein und demselben »säkularen« Lager. Wenn im Rahmen einer freiheitlichen Demokratie von »Säkularität« die Rede ist, gewinnt der Begriff indessen eine *spezifischere Bedeutung*, von der im Folgenden die Rede sein soll: Säkularität steht dann für den Anspruch des Staates, in religiösen Fragen – und, wie gleich hinzuzufügen ist: auch in weltanschaulichen Fragen – »*neutral*« zu sein,[1] und zwar um der religiös-weltanschauli-

1 Die Formel von der »religiös-weltanschaulichen Neutralität« des Staates

chen Freiheit der Menschen willen, deren Achtung und Schutz dem Rechtsstaat aufgetragen ist.

Der Begriff der Neutralität wirft eine Reihe von Fragen auf, die uns noch beschäftigen werden.[2] Wichtig zum Verständnis ist zunächst die Klarstellung, dass die religiös-weltanschauliche Neutralität des Rechtsstaates keine generelle »Wertneutralität« meint; denn sie ergibt sich aus dem gebotenen Respekt vor der Religionsfreiheit der Menschen, die im Grundgesetz den Rang eines hohen *Verfassungswertes*, nämlich eines allgemeinen Menschenrechts hat.[3] Insofern ist die religiös-weltanschauliche Neutralität des Staates nicht etwa Ausdruck einer normativen Bindungslosigkeit, sondern im Gegenteil Konsequenz einer ethischen und rechtlichen *Bindung* des Staates: Um der Religionsfreiheit willen ist es diesem prinzipiell versagt, sich mit einem bestimmten religiösen oder weltanschaulichen Bekenntnis auf Kosten

findet sich in Varianten regelmäßig in der Rechtsprechung des Bundesverfassungsgerichts. Vgl. z.B. BVerfGE [= *Entscheidungen des Bundesverfassungsgerichts*], Bd. 19, S. 206-226, hier S. 216: »Das Grundgesetz legt [...] dem Staat als Heimstatt aller Staatsbürger ohne Ansehen der Person weltanschaulich-religiöse Neutralität auf.«

2 Zu unterschiedlichen liberalen Verständnissen der staatlichen Neutralität vgl. Stefan Huster, »Die religiös-weltanschauliche Neutralität des Staates. Das Kreuz in der Schule aus liberaler Sicht«, in: Winfried Brugger/Stefan Huster (Hg.), *Der Streit um das Kreuz in der Schule. Zur religiös-weltanschaulichen Neutralität des Staates* (Baden-Baden: Nomos, 1998), S. 69-108.

3 Artikel 4 des Grundgesetzes lautet: »Die Freiheit des Glaubens, des Gewissens und die Freiheit des religiösen und weltanschaulichen Bekenntnisses sind unverletzlich. Die ungestörte Religionsausübung wird gewährleistet.« Zum Verständnis der unterschiedlichen Gewährleistungen dieses Artikels (Glaubensfreiheit, Gewissensfreiheit, Bekenntnisfreiheit, Religionsausübungsfreiheit) als Bestandteilen der Religionsfreiheit vgl. Axel Freiherr von Campenhausen, »Religionsfreiheit«, in: Josef Isensee/Paul Kirchhof (Hg.), *Handbuch des Staatsrechts der Bundesrepublik Deutschland*, Bd. VI (Heidelberg: C.F. Müller, 1989), S. 369-434, hier S. 392.

Andersgläubiger zu identifizieren. Weil die bewusste »Nicht-Identifikation« des Staates einen Akt des *Respekts* vor der Freiheit der Menschen darstellt, soll sie fortan als das Prinzip der »respektvollen Nicht-Identifikation« qualifiziert werden. [4]

Das Prinzip der respektvollen Nicht-Identifikation trägt eine Spannung in sich: Mit Verweis auf den gebotenen Respekt vor der Würde und Freiheit des Menschen wird dem Staat gewissermaßen etwas »Negatives« abverlangt, nämlich ein prinzipieller *Verzicht* auf staatliche Handlungskompetenz in Fragen umfassender Sinnorientierung. Ein affirmatives Anliegen führt somit paradoxerweise zu einer negativen Konsequenz, zu einer staatlichen *Nicht*-Kompetenz. Diese Spannung steht stets in der Gefahr, nach der einen oder anderen Seite hin aufgelöst zu werden: entweder in Richtung einer Leugnung des im Respekt vor der Freiheit begründeten normativen Gehaltes der staatlichen Säkularität oder in Richtung einer Überdehnung der Säkularität zu einer umfassenden politischen Weltanschauung quasi-religiöser oder postreligiöser Art, in der das Prinzip der Nicht-Identifikation aufgehoben wäre. Durch beide Auflösungen gerät der spezifische Anspruch des säkularen Rechtsstaats aus dem Blick.

Die Isolierung des negativen Aspekts der Nicht-Identifikation kann dazu führen, dass der normative Anspruch der rechtsstaatlichen Säkularität aus dem Blickfeld bleibt. Diese erscheint dann typischerweise als

4 Den Begriff der »Nicht-Identifikation« verwenden z.B. Oebbecke, Das deutsche Recht und der Islam, a.a.O., S. 292; Jörg Müller-Volbehr, »Das Grundrecht der Religionsfreiheit und seine Schranken«, in: *Die Öffentliche Verwaltung* 48 (1995), S. 301-310, hier S. 303. – Geprägt wurde der Begriff von Herbert Krüger, *Allgemeine Staatslehre* (Stuttgart: Kohlhammer, 2. Aufl. 1966), S. 178ff., der das Prinzip der Nicht-Identifikation allerdings als staatliche Indifferenz versteht. Vgl. ebd., S. 179: »Es handelt sich um den Grundsatz, sich für Indifferenz zu entscheiden, wenn ein positives Bekenntnis auf Spaltung hinauslaufen würde.« Die im Namen der Religionsfreiheit gebotene »respektvolle« Nicht-Identifikation ist demgegenüber selbst dann durchzuhalten, wenn sie die Kohäsionskräfte des Staates möglicherweise auch *nicht* stärkt.

Ausdruck bloßer Indifferenz in einem »Zeitalter der Neutralisierungen«, in dem religiöse, metaphysische, ethische und zuletzt auch genuin politische Überzeugungen immer mehr dahinschwinden, wie etwa Carl Schmitt behauptet.[5] Vertreter der christlichen Kirchen haben über lange Zeit die moderne Säkularisierung – und damit ineins auch die spezifische Säkularität von Staat und Recht – insgesamt unter ein solches Verdikt des Glaubens- und Wertverlustes gestellt.[6] Ähnliche Urteile, oft polemisch zugespitzt, begegnen heute im islamisch-fundamentalistischen Schrifttum, wenn darin der säkulare Staat der »Jahiliyya«, d.h. einer glaubens- und moralfernen Finsternis zugeschlagen wird, die es zu bekämpfen gelte.[7] Unter umgekehrten, nämlich positiven Vorzeichen finden sich vergleichbare Zuschreibungen erstaunlicherweise auch bei manchen Anhängern des säkularen Staates. So scheint der Islamkritiker Siegfried Kohlhammer Carl Schmitts Diagnose zu teilen, wenn er schreibt, dass die Säkularisierung eine »durch und durch unheroische Gesellschaft« hervorgebracht habe, »die lieber ehrlos auf den Knien leben als sterben will« – wobei er anders als Schmitt im kollektiven Glaubensverlust einen besonderen Vorzug der modernen Gesellschaft sieht, die genau deshalb »feindbildlos« sei.[8]

Versteht man die Säkularität des Rechtsstaats von der Religionsfreiheit her, erweist sich ihre Gleichsetzung mit einem generellen normativen Neutralismus jedoch als verfehlt. Der bewusste Verzicht des Staates auf die traditionelle »cura religionis« ist in dieser Perspektive kein bloßer Rückzug; er läuft nicht auf eine Reduktion, sondern auf eine *Transformation* staatlicher Verantwortung hinaus. An die Stelle der traditionellen Sorge für die *Wahrheit* der Religion (bzw. für die korrekte Durchführung religiöser Gebote) tritt der Einsatz des Staates für die

5 Vgl. Carl Schmitt, *Der Begriff des Politischen* (Berlin: Duncker & Humblot, 1963 – als Nachdruck der 2. Aufl. von 1934), S. 79.

6 Vgl. z.B. Jean Brun, »Die Katastrophe der Säkularisierung«, in: *Kerygma und Dogma* VI (1977), Bd. IX., S. 242-251.

7 Vgl. unten, Kap. IV,2.

8 Siegfried Kohlhammer, *Die Feinde und die Freunde des Islam* (Göttingen: Steidl, 1996), S. 26.

Freiheit der Menschen in Fragen des Bekenntnisses und der religiösen Praxis.[9] Auf die Achtung und den Schutz der Religionsfreiheit (und anderer Grundfreiheiten) ist der Staat laut Grundgesetz verfassungsrechtlich verpflichtet, und zwar um der Würde des Menschen willen, die in menschenrechtlichen Gewährleistungen ihre institutionelle Anerkennung findet.

Während der Vorwurf des »Neutralismus« übersieht, dass der säkulare Rechtsstaat in seiner Orientierung an Würde und Freiheit des Menschen sehr wohl ein rechtsethisches Fundament hat (und insofern gerade nicht »wertneutral« ist),[10] besteht ein anderer, komplementärer Einwand darin, dass man den spezifischen Neutralitätsanspruch des Staates in Fragen von Religion und Weltanschauung für illusionär hält oder ihn sogar als ein bewusstes Betrugsmanöver zu entlarven sucht.[11] Der Verdacht, dass eine religiös-weltanschauliche Neutralität des Staates streng genommen gar nicht möglich sei, lässt sich nicht leicht entkräften. Von vornherein einzuräumen ist, dass der Neutralitätsbegriff nicht zur Beschreibung der politischen *Wirklichkeit* taugt; denn man wird immer wieder Beispiele dafür finden können, dass der Staat unterschiedliche Grade von Nähe, Kooperation und Distanz zu den verschiedenen Religionsgemeinschaften aufweist und sich somit faktisch nicht neutral verhält. Dies ist gerade auch von Muslimen oft

9 Vgl. Ernst-Wolfgang Böckenförde, »Notwendigkeit und Grenzen staatlicher Religionspolitik«, in: Wolfgang Thierse (Hg.), *Religion ist keine Privatsache* (Düsseldorf: Patmos, 2000), S. 173-183, hier S. 174.

10 Vgl. Hans Buchheim, »Religion und Politik – Einige systematische Überlegungen«, in: Erhard Forndran (Hg.), *Religion und Politik in einer säkularisierten Welt*, a.a.O., S. 65-75, hier S. 71.

11 Auch dieser Vorwurf ist paradigmatisch von Carl Schmitt formuliert worden, der in seiner »Politischen Theologie« die These aufstellt, alle staatsrechtlichen Begriffe seien verkappte theologische Begriffe – womit der Anspruch auf Säkularität des Staates jeden Sinn verliert. Vgl. Carl Schmitt, *Politische Theologie. Vier Kapitel zur Lehre von der Souveränität* (Berlin: Duncker & Humblot, 5. Aufl. 1990 – als Nachdruck der 2. Aufl. von 1934).

festgestellt und beklagt worden.[12] Der Sinn des Neutralitätsbegriffs besteht indessen genau darin, dass er die Möglichkeit schafft, die diskriminierenden Konsequenzen bewusster oder nicht-bewusster De-facto-Identifikationen des Staates mit bestimmten Religionsgemeinschaften kritisch aufzuweisen und Veränderungen in Richtung echter Gleichberechtigung anzumahnen. Insofern macht der Begriff der religiös-weltanschaulichen Neutralität des Staates nicht als deskriptives, sondern nur als *kritisch-normatives Konzept* Sinn. Ihn preiszugeben oder im Gestus der Entlarvung zu diskreditieren, hieße, sich einer Grundlage zur Artikulation von Gleichberechtigungsforderungen zu berauben.

Gegen den Neutralitätsbegriff wird weiter eingewandt, dass das Grundgesetz an einigen zentralen Stellen selbst eine religiöse Sprache anzunehmen scheint, etwa wenn es in Artikel 1 Absatz 2 ein »Bekenntnis« des deutschen Volkes zu den Menschenrechten als Folge der in Absatz 1 postulierten Menschenwürde statuiert. Hat Walter Leisner deshalb nicht Recht, wenn er den Staat als »Verkünder rechtlichen Sollens« in »eine neue Nähe zu Gegenständen und Formen eines Glaubens« rückt, und zwar »geradezu in einem theologischen Sinn«?[13] Folgt daraus dann aber nicht, dass der Staat letztlich doch einen *Konfessionsstaat* (vielleicht in einem weiteren, eher ökumenischen oder »zivilreligiösen« Sinne) bildet, von religiös-weltanschaulicher Neutralität indessen streng genommen keine Rede sein kann? Gegen diesen fundamentalen Einwand lässt sich der Anspruch des säkularen Staates nur dadurch zur Sprache bringen, dass man eine Differenzierung innerhalb des Bekenntnisbegriffs durchführt und zwischen einem *rechtsethi-*

12 Vgl. Sabiha El-Zayat, »Auf dem Weg zu einem selbstverständlichen Miteinander in einem pluralen Europa«, in: Thomas Hartmann/Margret Krannich (Hg.), *Muslime im säkularen Rechtsstaat. Neue Akteure in Kultur und Politik* (Berlin: Verlag Das Arabisch Buch, 2001), S. 29-36.

13 Walter Leisner, »Geglaubtes Recht. Säkularisierte religiöse Grundlagen der Demokratie«, in: Josef Isensee/Wilhelm Rees/Wolfgang Rüfner (Hg.), *Dem Staate, was des Staates, der Kirche, was der Kirche ist. Festschrift für Joseph Listl zum 70. Geburtstag* (Berlin: Duncker & Humblot, 1999), S. 115-128, hier S. 119.

schen Bekenntnis einerseits und einem *umfassenden religiösen bzw. weltanschaulichen Bekenntnis* andererseits unterscheidet. Diese Unterscheidung, die implizit auch der Rechtsprechung des Bundesverfassungsgerichts zugrunde liegt, ist für das Verständnis des »wertgebundenen«, aber religiös-weltanschaulich neutralen Staates von alles entscheidender Bedeutung; ja, es ist nicht übertrieben zu sagen, dass mit ihr der Anspruch der rechtsstaatlichen Säkularität steht und fällt.

Eine Schwierigkeit liegt freilich darin, dass zwischen den beiden genannten Ebenen von »Bekenntnis« keine ein für allemal vorgegebene, von außen erkennbare Trennungslinie verläuft. Vielmehr bleibt die Grenze zwischen rechtsethischem und religiös-weltanschaulichem Bekenntnis offen, veränderlich und umstritten. Selbst wenn Menschen um der normativen Verständigung mit Andersdenkenden willen bereit sind, ihre umfassenderen Weltsichten gleichsam in Klammern zu setzen, kann sich ex post herausstellen, dass ihre Formulierungen rechtsethischer Prinzipien mit weitreichenden religiösen oder weltanschaulichen Interpretamenten durchwirkt waren, die den Autoren nicht einmal bewusst gewesen sein mögen. Der Sinn der Differenzierung zwischen rechtsethischem und religiös-weltanschaulichem Bekenntnis liegt denn auch nicht in der vorgängigen Abgrenzung zweier in sich ruhender »Bereiche«, die es in solcher Geschlossenheit nicht gibt. Vielmehr muss die Differenz von rechtsethischem und religiös-weltanschaulichem Bekenntnis materialiter immer wieder neu konkret *erarbeitet* werden – nämlich dadurch, dass die Menschen den Anspruch auf politisch-rechtlichen Respekt ihrer Überzeugungen und Lebensformen öffentlich artikulieren und etwaige Diskriminierungen, die sich aus der staatlichen Nähe zu einer bestimmten Religion oder Weltanschauung ergeben, kritisch aufdecken. Als Bedingung der Möglichkeit solcher kritischen Erarbeitung muss die prinzipielle Differenz von rechtsethischer und religiös-weltanschaulicher Ebene zugleich *formal* vorausgesetzt werden.

Die für die staatliche Verfassung grundlegenden rechtsethischen Prinzipien bilden keine Meta-Ebene »jenseits« der religiösen und weltanschaulichen Differenzen in der Gesellschaft; vielmehr handelt es sich um eine Ebene, die »quer« zu ihnen verläuft. Dies lässt den Gläubigen die Option bestehen, die als rechtsethisches Bekenntnis formulierten obersten Verfassungsprinzipien zugleich *je für sich* in umfassendere Horizonte religiöser oder nicht-religiöser Letztdeutung zu integrieren, zwischen denen wechselseitiges Verstehen indes vielleicht *nicht* gelingt, aber eben auch nicht um jeden Preis gelingen *muss*.[14] So kann man davon ausgehen, dass für einen gläubigen Christen das Verständnis der Menschenwürde in der biblischen Idee der Gottesebenbildlichkeit des Menschen gründet, während ein Muslim eher an die im Koran proklamierte Sonderstellung des Menschen als Statthalter (Khalifa) Gottes auf Erden denken dürfte. Wieder anders verlaufen humanistische Begründungen der Würde, die nicht auf religiöse Offenbarungsschriften, sondern auf die sittliche Vernunft des Menschen rekurrieren. Vielen Menschen mögen derartige Begründungsversuche der Menschenwürde auch gleichgültig sein oder unsinnig vorkommen. Entscheidend ist in jedem Fall, dass der Staat sich keine dieser und anderer Letztdeutungen zu eigen machen darf, damit die in Artikel 1

14 Um den Status jenes rechtsethischen Kerns, der die Grundlage des säkularen Rechtsstaates bildet, näher zu bestimmen, mag ein Blick auf ganz analoge Überlegungen zur normativen Rekonstruktion des politischen Liberalismus hilfreich sein, wie Rawls sie vorgelegt hat. (Vgl. John Rawls, *Political Liberalism*, New York: Columbia University Press, 1993, S. 133ff.) Er unterscheidet die Gerechtigkeitsvorstellung des politischen Liberalismus von umfassenden religiösen oder nicht-religiösen Lehren (»comprehensive doctrines«), indem er auf die begrenzte inhaltliche Reichweite der politischen Gerechtigkeit hinweist: Sie konzentriert sich auf die »basic structure of society« und beansprucht keineswegs, sämtliche Aspekte des guten Lebens abzudecken oder gar eine weltanschauliche Gesamtorientierung zu leisten. In ihren Grenzen soll die politische Gerechtigkeit jedoch einen praktischen Vorrang vor etwaigen konkurrierenden religiösen oder weltanschaulichen Lehren haben, die zwar inhaltlich über die politischen Gerechtigkeit hinausgehen können, aber nicht gegen sie verstoßen dürfen. Gleichzeitig bietet die leitende Gerechtigkeitsvorstellung Anknüpfungsoptionen für unterschiedliche religiöse bzw. weltanschauliche Deutungen, die mit Bezug auf sie einen »overlapping consensus« ausbilden können.

Grundgesetz formulierte rechtsethische Bindung an die obersten Verfassungswerte nicht zu einer religiösen oder weltanschaulichen Fundierung des Staates gerät. Dies ist nur ein *Beispiel* dafür, dass der Rechtsstaat sich grundsätzlich jede positive konfessionelle Festlegung versagen muss, weil ihm um der Religionsfreiheit willen eine Kompetenz in Fragen des religiösen oder weltanschaulichen Bekenntnisses nicht zukommt. Das in Artikel 1 GG verankerte Bekenntnis zur Menschenwürde und zu den Menschenrechten nimmt davon nichts zurück, sondern gibt im Gegenteil – auf einer rechtsethischen Ebene – den Grund an für die gebotene »Nicht-Identifikation« des Staates mit einem umfassenden religiösen oder weltanschaulichen Glaubenssystem. Dass übrigens auch die »invocatio dei« in der Präambel des Grundgesetzes keine konfessionelle Bindung des Staates impliziert, zeigt sich schon darin, dass selbst bei der Vereidigung für die höchsten Staatsämter eine Berufung auf Gott in der Eidesformel (»so wahr mir Gott helfe«) nicht verlangt werden darf.[15]

Das Prinzip der »respektvollen Nicht-Identifikation« macht nur dann Sinn, wenn man beide Komponenten – Respekt und Nicht-Identifikation – stets aufeinander bezieht und als Einheit begreift: Der rechtsethisch gebotene Respekt vor der Würde und Freiheit des Menschen wirkt sich somit unter anderem dahingehend aus, dass sich der Staat in Fragen von Religion und Weltanschauung nicht mit einem Be-

15 Als problematisch erweist sich in diesem Zusammenhang immer wieder der Begriff der Zivilreligion, weil er einen so weiten Religionsbegriff impliziert, dass die grundlegende Differenz zwischen rechtlichen Sollensansprüchen (einschließlich ihrer rechtsethischen Fundierung) einerseits und umfassenden religiösen oder weltanschaulichen Sinndeutungen andererseits nicht mehr zur Sprache kommen kann. Der schillernde Charakter der Zivilreligion als einer gleichermaßen deskriptiven wie normativen, affirmativen wie kritischen Kategorie zeigt sich etwa bei Rolf Schieder, *Wieviel Religion verträgt Deutschland?* (Frankfurt a.M.: Suhrkamp, 2001), S. 119: »Die Weigerung führender deutscher Intellektueller der Nachkriegszeit, sich am Aufbau einer deutschen Zivilreligion zu beteiligen, war ihre größte zivilreligiöse Leistung.«

kenntnis identifizieren darf, sondern »neutral« sein soll – womit ein formaler Anspruch gesetzt ist, der materialiter immer wieder neu ausgestaltet werden muss und an dem die reale Religionspolitik des Staates zugleich gemessen werden kann. Die in der Achtung der Religionsfreiheit begründete Säkularität des Staates fungiert deshalb zunächst als ein *kritisches Prinzip*, das den unterschiedlichen Formen der institutionellen Ausgestaltung des Verhältnisses von Staat und Religionsgemeinschaften normativ vorausliegt.

2. Überwindung staatlicher Toleranzpolitik

Um das normative Profil des in der Achtung der Religionsfreiheit begründeten säkularen Rechtsstaats weiter zu verdeutlichen, ist es sinnvoll, ihn gegenüber verschiedenen historischen Varianten staatlicher Toleranzpolitik abzugrenzen. Toleranz und Religionsfreiheit werden bekanntlich oft in einem Atemzug genannt. Auf den ersten Blick mag dies plausibel sein, stehen doch beide gemeinsam in Gegnerschaft gegen die religiöse bzw. weltanschauliche Intoleranz. Die humanistischen und aufklärerischen Vorkämpfer religiöser Toleranz von Sebastian Castellio über Bayle und Locke bis zu den französischen Enzyklopädisten gelten deshalb gemeinhin zugleich als Wegbereiter moderner Religionsfreiheit.[16] Auch zeitgenössische muslimische Autoren, die der Religionsfreiheit aus islamischer Perspektive Unterstützung geben wollen, verweisen gern auf die traditionelle Toleranz des Islams gegenüber religiösen Minderheiten und unterstellen dabei, dass Toleranz und Religionsfreiheit mehr oder minder identisch sind. Bei näherem Hinsehen zeigt sich jedoch, dass zwischen Toleranz und dem Menschenrecht auf Religionsfreiheit ein wesentlicher Unterschied besteht, ohne dessen Berücksichtigung eine angemessene Bestimmung des säkularen Rechtsstaats nicht gelingen kann.[17]

16 Vgl. dazu grundsätzlich Heinrich Lutz (Hg.), *Zur Geschichte der Toleranz und Religionsfreiheit* (Darmstadt: Wissenschaftliche Buchgesellschaft, 1977).

17 Vgl. in diesem Sinne auch Joseph Listl, *Das Grundrecht der Religionsfrei-*

Die Toleranzpolitik, wie sie in einem christlichen Konfessionsstaat gegenüber religiösen Dissidenten möglich war, blieb prinzipiell orientiert an der Differenz von religiöser Wahrheit und Irrtum. Paradigmatisch dafür ist Jesu Gleichnis vom Unkraut unter dem Weizen, ein klassischer Topos der Toleranzbegründung, in dem die Knechte angewiesen werden, das Unkraut vorerst nicht zu beseitigen. Der erläuternde Hinweis »auf dass ihr nicht zugleich den Weizen ausreißt, wenn ihr das Unkraut ausjätet«,[18] macht deutlich, dass dem Unkraut nicht um seiner selbst willen, sondern nur um des Weizens willen vorläufige Schonung widerfahren soll. Eine ähnliche Haltung zeigt sich bei Thomas von Aquin. Er verweist zur Begründung der Toleranz auf den gesellschaftlichen Pragmatismus im Umgang mit dem Übel der Prostitution, dessen Beseitigung zwar an sich wünschenswert, aber nicht immer ohne größeren Schaden für die Gesellschaft durchführbar sei.[19] Auf diese Weise stellt er klar, dass etwaige Konzessionen gegenüber den Ungläubigen allenfalls einen provisorischen Charakter haben können, keineswegs aber das prinzipielle Vorrecht des wahren Glaubens gegenüber Irrtum und Unglauben in Frage stellen dürfen. Noch die Toleranzpolitik des aufgeklärten Absolutismus geht typischerweise davon aus, dass ein bestimmtes religiöses Bekenntnis als Norm im Staate

heit in der Rechtsprechung der Gerichte der Bundesrepublik Deutschland (Berlin: Duncker & Humblot, 1971), S. 10ff.

18 Matthäus 13, 29.

19 Vgl. Thomas von Aquin, *Summa theologica*, II/II qu. 10, art. 11, resp.: »So nun dulden auch im Bereich menschlichen Regierens die Vorsteher in berechtigter Weise manche Übel, damit Gutes nicht verhindert werde, oder auch, damit man sich nicht noch schlimmeren Übeln aussetze. So sagt z.B. Augustinus: ›Entferne die Buhlerinnen aus der menschlichen Gesellschaft, und du wirst durch die sinnlichen Leidenschaften alles in Unordnung bringen.‹ So können also die Ungläubigen in ihren Religionsgebräuchen geduldet werden, obwohl sie damit sündigen [...].« Zitiert nach der zweisprachigen Ausgabe der Albertus-Magnus-Akademie, Walberberg bei Köln (München/Salzburg: Gemeinschaftsverlag, 1950), Bd. 15, S. 225.

herrscht, so dass andere Konfessionen von vornherein als Normabweichungen gelten, die der Herrscher um des inneren Friedens willen oder aus merkantilen und demographischen Motiven konzedieren kann. So hält die Toleranzresolution Kaiser Josephs II. von 1781 am Status des Katholizismus als der »dominanten Religion« fest, der allein »der Vorzug des öffentlichen Religionsexercitii verbleiben« soll, während den Angehörigen anderer christlicher Bekenntnisse lediglich »das Privatexercitium auszuüben erlaubt« wird.[20]

Anders als in solchen konfessionsstaatlichen Toleranzkonzeptionen wird im Rahmen der Religionsfreiheit die Differenz von religiöser Wahrheit und Irrtum als Kriterium staatlichen Handelns bewusst *ausgeklammert*. Sie darf für die Bestimmung des rechtlichen Status eines Menschen in der Gesellschaft fortan keine Rolle mehr spielen. Denn die Religionsfreiheit gewinnt ihren Stellenwert als allgemeines Menschenrecht überhaupt erst dadurch, dass sie einem jeden in *Gleichberechtigung* zugesprochen wird,[21] was nur möglich ist, wenn dem Staat eine Einteilung der Menschen nach Kriterien der Rechtgläubigkeit prinzipiell versagt bleibt. Daraus resultiert jenes spezifisch moderne Prinzip der »respektvollen Nicht-Identifikation«, in dem normativ die Säkularität des Rechtsstaates begründet ist.

Die Religionsfreiheit als Menschenrecht bricht aber nicht nur mit der konfessionsstaatlichen Form von Toleranz; sie geht auch – was oft übersehen wird – über eine *skeptisch motivierte Toleranz* hinaus, für die Aufklärer wie Montaigne, Voltaire oder Lessing mit ihrer Kritik an religiösem Dogmatismus stehen.[22] Als eine bewusste Option für die glei-

20 Zitiert nach: Claudia Herdtle/Thomas Leeb (Hg.), *Toleranz. Texte zur Theorie und politischen Praxis* (Stuttgart: Reclam, 1987), S. 73.

21 Zur Trias von Freiheit, Gleichheit, Mitwirkung bzw. Solidarität als Strukturprinzip der Menschenrechte vgl. Wolfgang Huber/Ernst Eduard Tödt, *Menschenrechte. Perspektiven einer menschlichen Welt* (Stuttgart: Kreuz Verlag, 1977), S. 80ff.; Johannes Schwartländer, »Demokratie – Verwirklichung oder Gefährdung der Menschenrechte?«, in: ders. (Hg.), *Menschenrechte und Demokratie* (Kehl/Straßburg: N.P. Engel, 1981), S. 189-221.

22 So äußert Montaigne den Gedanken, dass Anmaßung in Fragen des

che Freiheit jedes Menschen lässt sich das Recht auf Religionsfreiheit weder von der milden Duldsamkeit eines Montaigne noch von der überlegen distanzierten Ironie Voltaires her angemessen begreifen; nicht einmal Lessings kämpferischer Anti-Dogmatismus reicht dafür aus. Denn ein Staat, der den Menschenrechten verpflichtet ist, kann sich nicht darauf beschränken, religiöse und weltanschauliche Freiheit lediglich zuzulassen, sondern steht vor der Aufgabe, ihre Entfaltungschancen nach Maßgabe von Gleichberechtigung aktiv zu sichern.[23] Religionsfreiheit soll nicht nur Vorrang gegenüber pragmatisch-politischen Gesichtspunkten haben, sondern zugleich rechtsverbindlich *garantiert* werden, und zwar als ein Recht, das die Betroffenen ggf. auch gegen den Staat einklagen können. Menschenrechte und Religionsfreiheit stellen somit einen hohen Anspruch. Obwohl dem Staat prinzipiell keine Verantwortung für die *Wahrheit* der Religion zukommt – darin besteht seine »Säkularität« –, ist er doch um der *Freiheit* der religiösen

Wissens »unsere eigentliche angeborene Krankheit sei«. Michel de Montaigne, *Die Essais* (Stuttgart: Reclam, 1969), S. 205. Um die Absurdität kleinkarierter dogmatischer Lehrstreitigkeiten zu karikieren, zeichnet Voltaire das Bild von Ameisen, die die Zugehörigkeit zum je eigenen Ameisenhaufen zum Kriterium von Heil und Verdammnis erheben und einander wechselseitig exkommunizieren. Vgl. Voltaire, »Abhandlung über die Toleranz anläßlich des Todes von Jean Calas (Auszüge)«, in: Herdtle/Leeb (Hg.) *Toleranz*, a.a.O., S. 51-55, hier S. 52f. Das bekannteste Beispiel dogmenkritischer Toleranzbegründung aber bietet Lessings Ringparabel, in der der Unterschied zwischen dem echten Ring und seinen Nachahmungen der Sache nach zwar bestehen bleibt, für die Menschen aber nicht erkennbar ist: »Man untersucht, man zankt, man klagt. Umsonst; der rechte Ring war nicht erweislich [...] fast so unerweislich, als uns jetzt der rechte Glaube.« Gotthold Ephraim Lessing, *Nathan der Weise* (Stuttgart: Reclam, 1964), S. 80.

23 Vgl. Klaus Schlaich, »Radikale Trennung und Pluralismus – Zwei Modelle der weltanschaulichen Neutralität des Staates«, in: Paul Mikat (Hg.), *Kirche und Staat in der neueren Entwicklung* (Darmstadt: Wissenschaftliche Buchgesellschaft, 1980), S. 427-451, hier S. 443ff.

und nicht-religiösen Überzeugungen willen zu rechtlichen Gewährleistungen verpflichtet, die mit einer Politik skeptisch motivierter Toleranz allein nicht eingelöst werden können.[24]

Auch gegenüber der klassischen islamischen Toleranz[25] stellt der säkulare Rechtsstaat mit der Garantie der Religionsfreiheit ein Novum dar. Dies wird von muslimischen Autoren nicht immer klar genug gesehen. Zwar ist weithin anerkannt, dass die im islamischen Herrschaftsgebiet geübte Toleranz über das hinausging, was die mittelalterliche bzw. die frühneuzeitliche Christenheit religiösen Minderheiten einzuräumen bereit war. Die Angehörigen der dem Islam verwandten Offenbarungsreligionen konnten als Schutzgenossen (»Dhimmis«) der Muslime dauerhaft leben und religiöse und religionsrechtliche Autonomie genießen. Ein begrenzter religiöser Pluralismus war in den islamischen Großreichen über die Jahrhunderte hinweg selbstverständliche Realität. Ann Mayer kommt daher zu dem Fazit: »Despite incidents of discrimination and mistreatment of non-Muslims, it is fair to say that the Muslim world, when judged by the standard of the day, generally showed far greater tolerance and humanity in its treatment of religious minorities than did the Christian West.«[26] Die traditionelle islamische Toleranz gegenüber vorgängig festgelegten religiösen Gruppen ist dennoch historisch und systematisch von anderer Struktur als die menschenrechtlich gedachte, auf individuelle Gleichberechtigungsansprüche gegründete Religionsfreiheit. Außerdem hatte auch die is-

24 Vgl. auch BVerfGE, Bd. 32, S. 98-111, hier S. 106.

25 Vgl. dazu Adel Theodor Khoury, *Toleranz im Islam* (München: Kaiser/Mainz: Grünewald, 1980). Zu den koranischen Grundlagen der islamischen Toleranz vgl. Christian W. Troll, »Der Blick des Koran auf andere Religionen«, in: Walter Kerber (Hg.), *Wie tolerant ist der Islam?* (München: Kindt, 1991), S. 47-69. Die Schattenseiten der klassischen islamischen Toleranzkonzeption betont die Historikerin Bat Ye'or, *Der Niedergang des orientalischen Christentums unter dem Islam* (Gräfelfing: Resch Verlag, 2002).

26 Ann Elizabeth Mayer, *Islam and Human Rights. Tradition and Politics* (Boulder: Westview, 1991), S. 148.

lamische Toleranz traditionell ihre Grenzen: Ausgeschlossen waren Polytheisten und andere »Götzenanbeter« sowie vor allem Apostaten, galt der Abfall vom Islam doch als ein Kapitalverbrechen, vergleichbar dem Hochverrat. Der im heutigen islamischen Schrifttum viel zitierte Koranvers 2,256 – »kein Zwang in der Religion« – wurde in langen Phasen der Vergangenheit anscheinend in einer Weise verstanden, die sich mit der Position des Thomas von Aquin und anderer mittelalterlicher Kirchenlehrer vergleichen lässt: Nach Thomas durfte zwar keinerlei Zwang in Richtung auf die *Annahme* des Glaubens ausgeübt werden; mit der einmal geschehenen Annahme des wahren Glaubens war fortan der Rückweg aber verschlossen – so wie der Eintritt ins Kloster zwar freiwillig geschehen, ein Austritt hingegen nicht möglich sein sollte.[27] Sowohl für den traditionellen Islam wie für das mittelalterliche Christentum markierte das Delikt der Apostasie offenbar eine eindeutige Grenze der Toleranz.[28]

Die Religionsfreiheit stellt als allgemeines Menschenrecht einen Anspruch, der über die Toleranzpolitik der Staaten, wie eng oder pragmatisch, demütigend oder großherzig diese auch angelegt sein mochte, konzeptionell hinausgeht. Sie zielt nicht auf eine graduelle Erweiterung der Toleranz, sondern formuliert ein *neues Grundprinzip*,

27 Vgl. Thomas von Aquin, *Summa theologica* II/II, qu. 10, art. 8: »Von den Ungläubigen haben einige niemals den Glauben angenommen, wie die Heiden und Juden. Solche sind denn auf keine Weise zum Glauben zu nötigen, damit sie aus sich heraus glauben; denn Glauben ist eine Sache des Willens. [...] Es gibt aber andere Ungläubige, die einmal den Glauben angenommen haben und ihn offen bekennen, wie die Häretiker und alle Abtrünnigen. Und solche sind auch mit körperlichen Mitteln zu nötigen, zu erfüllen, was sie versprochen, und festzuhalten, was sie ein für allemal angenommen haben.« Zitiert nach der Ausgabe von Walberberg, a.a.O., Bd. 15, S. 212f.

28 Dies konzedieren heute auch kritische Muslime wie Mohammed Talbi, »Religionsfreiheit – eine muslimische Perspektive«, in: Johannes Schwartländer (Hg.), *Freiheit der Religion. Christentum und Islam unter dem Anspruch der Menschenrechte* (Mainz: Grünewald, 1993), S. 53-71, hier S. 64ff.

das erstmals in der Zeit der großen demokratischen Revolutionen politisch zum Durchbruch gelangt ist. Dass den Zeitgenossen der Wandel von der Toleranz zur Religionsfreiheit durchaus bewusst war, zeigt eine Aussage des Grafen Mirabeau während der Beratungen über die Menschenrechtserklärung der Französischen Revolution: »Das Vorhandensein einer Autorität, die die Macht hat zu tolerieren«, so Mirabeau, »ist ein Verstoß gegen die Gedankenfreiheit, und zwar gerade dadurch, daß sie toleriert und genauso nicht tolerieren könnte.«[29] Ähnlich hatte zuvor schon Kant die Toleranz als einen »hochmütigen Namen« bezeichnet.[30] Der schärfste zeitgenössische Kritiker des Toleranzbegriffs aber war Thomas Paine mit seinem Vorwurf, dass die Toleranz geradezu blasphemisch sei, weil derjenige, der Toleranz praktiziert, sich damit ein Richteramt nicht nur über andere Menschen, sondern auch über Gott anmaßt, indem er Gott vorschreibt, welchen Glauben und welchen Gottesdienst er akzeptieren soll.[31] Ganz ähnlich formuliert heute Mohammed Talbi sein Plädoyer für eine Überwindung der klassischen islamischen Toleranzdoktrin zugunsten der Menschenrechte. Aus islamischer Sicht betont er, die Religionsfreiheit sei »ein Akt grundlegender Achtung vor der Souveränität Gottes und vor dem Geheimnis seiner Absicht mit dem Menschen«. Und weiter schreibt er: »Die Freiheit des Menschen achten heißt letztlich, die Absicht Gottes achten. Ein echter Muslim sein heißt, sich dem Willen Gottes unterwerfen.«[32]

29 Zitiert nach Roman Schnur (Hg.), *Zur Geschichte der Erklärung der Menschenrechte* (Darmstadt: Wissenschaftliche Buchgesellschaft, 2. Aufl. 1974), S. 121.

30 Kant, *Beantwortung der Frage: »Was ist Aufklärung?«* (1784), Akademie Ausgabe Bd. VIII, S. 33-42, hier S. 40.

31 Vgl. Thomas Paine, *The Rights of Man*. With an Introduction by Arthur Seldon (London: J.M. Dent & Sons, 1906), S. 66: »[...] by the same act of assumed authority by which it tolerates man to pay his worship, it [= toleration, H.B.] presumptuously and blasphemously sets itself up to tolerate the Almighty to receive it.«

32 Talbi, Religionsfreiheit, a.a.O., S. 71.

Die Religionsfreiheit als Menschenrecht ist eine moderne Idee, die gegenüber der vormodernen Toleranzpolitik christlicher oder islamischer Prägung einen grundlegend anderen Ansatz bedeutet. Dies anzuerkennen heißt nicht, einer einlinigen Fortschrittsidee zu huldigen. Ob die moderne Gesellschaft gegenüber vormodernen Gesellschaften grundsätzlich überlegen ist, stellt eine Frage dar, die angesichts der vielfältigen Ambivalenzen der Moderne keine einfache Antwort finden wird; diese Frage kann auch durchaus offen bleiben.[33] Worum es stattdessen geht, ist die Einsicht, dass in den Auseinandersetzungen mit Krisen- und Unrechtserfahrungen in den sich modernisierenden Gesellschaften ein neues Prinzip des politisch-rechtlichen Umgangs mit Pluralismus entstanden ist, das darauf beruht, die Vielfalt der Überzeugungen und Lebensformen als Ausdruck menschlicher *Freiheit* zu respektieren und nach Maßgabe von *Gleichberechtigung* unter rechtlichen Schutz zu stellen. Auf dieser neuen, spezifisch modernen Grundlage steht der säkulare Rechtsstaat, dessen Durchsetzung insofern zugleich die Überwindung der staatlichen Toleranzpolitik in Religionsfragen markiert.[34]

33 Zum Ort der Menschenrechte in den Ambivalenzen der Moderne vgl. Heiner Bielefeldt, *Philosophie der Menschenrechte. Grundlagen eines weltweiten Freiheitsethos* (Darmstadt: Wissenschaftliche Buchgesellschaft, 1998), S. 29ff.

34 Während die Toleranz als Maxime *staatlicher* Religionspolitik überholt ist, kann sie in der *innergesellschaftlichen* Wahrheitskonkurrenz bzw. im Zusammenstoß unterschiedlicher Lebensformen durchaus mäßigend wirken und ist insofern keineswegs generell verzichtbar. Zur Bedeutung der Toleranz vgl. die Beiträge bei Alois Wierlacher (Hg.), *Kulturthema Toleranz. Zur Grundlegung einer interdisziplinären und interkulturellen Toleranzforschung* (München: iudicium, 1996); Reiner Forst (Hg.), *Toleranz. Philosophische Grundlagen und gesellschaftliche Praxis einer umstrittenen Tugend* (Frankfurt a.M.: Campus, 2000).

3. Praktischer Geltungsvorrang des säkularen Rechts

Der säkulare Rechtsstaat ist bescheiden und anspruchvoll zugleich. Die Bescheidenheit zeigt sich in der *inhaltlichen Selbstbeschränkung* seines Geltungsanspruchs: Der Staat ist weder Heilsinstrument noch Instanz einer umfassenden Sinnorientierung. Vielmehr überlässt er die Suche nach Sinn und nach Wahrheit den Menschen, denen es obliegt, als Individuen und in Gemeinschaft mit Anderen in Freiheit ihren Lebensweg zu finden. Genau in dieser Option für die Freiheit der Menschen zeigt sich zugleich der spezifische Anspruch, den der säkulare Rechtsstaat enthält. Denn für die Ermöglichung der Freiheit, und zwar der gleichen Freiheit aller, trägt der Staat *grundlegende politisch-rechtliche Verantwortung*, die ihrerseits durch die gemeinschaftlich wahrgenommene freie Selbstbestimmung der Rechtsunterworfenen – d.h. demokratisch – legitimiert ist. Demokratie und Freiheitsrechte verweisen gemeinsam zuletzt auf die Idee der *Würde des Menschen*, die zwar schon in den Grundschriften verschiedener Religionen und Philosophien aufscheint, in der Moderne aber deutlicher als zuvor aus der Befähigung und Bestimmung des Menschen zur Verantwortung, d.h. zum *Subjekt mündiger Selbst- und Mitverantwortung* verstanden wird.[35] Die Würde des Menschen (die ihrerseits für weitergehende religiöse oder weltanschauliche Deutungen offen bleibt) stellt das oberste rechtsethische Prinzip der freiheitlichen Verfassungsordnung dar. Dass um der »unantastbaren« Würde des Menschen willen die rechtliche Freiheit »unverletzlich« und »unveräußerlich« ist, findet in Artikel 1 des Grundgesetzes prägnanten Ausdruck.[36] Aus dem Mandat des

35 Besonders prägnant ist dieser Zusammenhang von Kant herausgearbeitet worden, der die innere Einheit von Würde und Autonomie betont. Vgl. dazu Heiner Bielefeldt, *Symbolic Representation in Kant's Practical Philosophy* (Cambridge: Cambridge University Press, 2003), S. 53ff.

36 Vgl. Artikel 1 Absatz 1 und 2 GG: »Die Würde des Menschen ist unantastbar. Sie zu achten und zu schützen ist Verpflichtung aller staatlichen

Staates für Freiheit und Würde des Menschen entspringt das Postulat, dass dem staatlich gesetzten säkularen Recht ein praktischer Geltungsvorrang gebührt. Dieser Vorrang besteht auch – und dies ist für unseren Zusammenhang entscheidend – gegenüber etwaigen Vorstellungen eines göttlichen Rechts.

Der beanspruchte praktische Geltungsvorrang des säkularen staatlichen Rechts hat zu historischen Konflikten, oft zu regelrechten Kulturkämpfen mit denjenigen Religionsgemeinschaften geführt, die ihrerseits auf dem Vorrang göttlich offenbarter Gebote oder Rechtsnormen bestehen. Der Widerstand der katholischen Kirche, der zur Zeit der Französischen Revolution begann und seinen Höhepunkt im berüchtigten »Syllabus Errorum« des Papstes Pius IX. von 1864 fand,[37] wurde erst auf dem Zweiten Vatikanischen Konzil (1962-1965) offiziell beendet.[38] Im islamischen Raum ist das Verhältnis von religiösem und säkularem Recht nach wie vor weitgehend ungeklärt; in manchen Ländern – z.B. in der spätkemalistischen Türkei oder im postrevolutionären Iran – finden derzeit heftige politische Auseinandersetzungen um diese Frage statt.[39] Weil man sich über den Stellenwert des religiösen und des säkularen Rechts im Staat nicht einigen konnte, hat Israel bis heute keine geschriebene Staatsverfassung.[40] Für diverse

Gewalt. Das Deutsche Volk bekennt sich darum zu unverletzlichen und unveräußerlichen Menschenrechten als Grundlage jeder menschlichen Gemeinschaft, der Gerechtigkeit und des Friedens in der Welt.«

37 Vgl. Konrad Hilpert, *Die Menschenrechte. Geschichte – Theologie – Aktualität* (Düsseldorf: Patmos, 1991), S. 138ff.

38 Vgl. Ernst-Wolfgang Böckenförde, »Die Bedeutung der Konzilserklärung über die Religionsfreiheit. Überlegungen 20 Jahre danach«, in: ders., *Religionsfreiheit. Die Kirche in der modernen Welt* (Freiburg i.Br.: Herder, 1990), S. 59-70.

39 Vgl. Gilles Kepel, *Das Schwarzbuch des Dschihad. Aufstieg und Niedergang des Islamismus* (München/Zürich: Piper, 2001), S. 401ff.; bzw. Navid Kermani, *Iran. Die Revolution der Kinder* (München: C.H. Beck, 2000).

40 Vgl. Natan Lerner, »Der politische Kompromiss: Religion und Staat in Israel«, in: Juliane Kokott/Beate Rudolf (Hg.), *Gesellschaftsgestaltung unter*

fundamentalistische Bewegungen, die in allen religiösen Kontexten vorkommen, ist die Gegnerschaft zum säkularen Staat geradezu konstitutiv.[41]

Dass die Durchsetzung des Geltungsvorrangs säkularen staatlichen Rechts nicht ohne Auseinandersetzungen mit den Religionsgemeinschaften geschehen konnte bzw. kann, darf Niemanden überraschen. Gleichwohl haben sich mit der Zeit Wege zur Entschärfung oder auch zur produktiven Bewältigung solcher Konflikte finden lassen. Dadurch ist es möglich geworden, dass z.B. Vertreter der christlichen Kirchen die Säkularität von Staat und Recht heute theologisch reflektiert akzeptieren. Ähnliche Positionen finden sich auch bei manchen zeitgenössischen muslimischen Denkern (vgl. unten Kap. IV,4). Eine wichtige Voraussetzung für eine produktive Überwindung der Gegnerschaft ist die Einsicht, dass der vom Staat beanspruchte Primat des säkularen Rechts sich auf einen *praktischen* Geltungsvorrang beschränkt. Es geht nicht etwa darum, eine abstrakte Überlegenheit menschlicher Rechtssetzungen gegenüber göttlichen Geboten zu behaupten und die Säkularität auf diese Weise zu einer postreligiösen Weltanschauung zu stilisieren, die den Religionen ihren Rang und ihre gesellschaftliche Rolle streitig machen will, wie dies in verschiedenen Fortschrittsideologien vor allem des 19. Jahrhunderts gedacht war (vgl. dazu unten, Kap. III,2). Auch die weltanschauliche Fundamentalopposition von Anthropozentrismus und Theozentrismus, die Bassam Tibi zur Deutung der Auseinandersetzungen ins Spiel gebracht hat, führt in die Irre.[42] Der *praktische* Primat des säkularen Rechts ist vielmehr die politisch-rechtliche Konsequenz aus der Einsicht, dass religiöse Wahrheits- und reli-

dem Einfluss von Grund- und Menschenrechten (Baden-Baden: Nomos, 2001), S. 259-271.

41 Vgl. z.B. Thomas Meyer (Hg.), *Fundamentalismus in der modernen Welt* (Frankfurt a.M.: Suhrkamp, 1989); Martin E. Marty/R. Scott Appleby, *Herausforderung Fundamentalismus. Radikale Christen, Moslems und Juden im Kampf gegen die Moderne* (Frankfurt a.M.: Campus, 1996).

42 Vgl. Bassam Tibi, *Im Schatten Allahs. Der Islam und die Menschenrechte* (München/Zürich: Piper, 1994), S. 54; 74 u.ö.

gionsrechtliche Geltungsansprüche (wie immer theozentrisch sie weiterhin gedacht sein mögen) stets *in menschlicher Interpretation* vorliegen – ein Sachverhalt, der sich in den irreversibel pluralistischen Gesellschaften der Moderne deutlicher als je zuvor der Erfahrung aufdrängt und der somit Anlass für einen neuen »Gesellschaftsvertrag« auf der Grundlage der Achtung gleicher Freiheit werden konnte. Wenn der säkulare Rechtsstaat mit der Garantie der Religionsfreiheit demnach die Vielfalt der Überzeugungen und Lebensformen als Ausdruck *menschlicher Freiheit und Würde* anerkennt und schützt, schafft er zugleich eine verbindliche Rahmenordnung, in der Menschen unabhängig von ihren unterschiedlichen religiösen oder nicht-religiösen Überzeugungen und Lebensformen gleichberechtigt miteinander leben können.

Für die Religionsgemeinschaften bedeutet dies Herausforderung und Chance zugleich. Sie müssen zunächst mit der Tatsache zurecht kommen, dass ihre jeweilige Wahrheit bzw. Lebensform zwar für die eigenen Anhänger nach wie vor maßgebend ist, dass sie aber nicht unmittelbar zur Grundlage des politischen Gemeinwesens und seiner Rechtsordnung werden kann. Darin steckt eine *Zumutung*, die manchmal als Bedeutungsverlust oder auch als Kränkung des religiösen Selbstverständnisses empfunden worden ist; dies erklärt den oft lange, teils bis heute anhaltenden oder auch neu aufbrechenden Widerstand gegen den säkularen Staat und seine Rechtsordnung. Die Orientierung an der Freiheit, in deren Namen der praktische Geltungsvorrang des säkularen Rechts von Staats wegen vorgebracht wird, gibt den Religionsgemeinschaften zugleich aber die Chance, ihre eigene religiöse Praxis deutlicher als zuvor als einen *Ausdruck mündiger Verantwortung* der Gläubigen zu verstehen und an diesem Maßstab zu orientieren. Dies bildet den Kern religionsphilosophischer und theologischer »Aufklärung«, die sich auf höchst unterschiedlichen Wegen vollziehen kann. Sie ist möglich, insofern die religiösen Quellen für eine Wertschätzung menschlicher Verantwortung (z.B. als göttlichen Auftrag) Anknüpfungspunkte bieten, die vom hermeneutischen Standpunkt des modernen Freiheitsbewusstseins her neu erschlossen werden können.[43]

43 Vgl. dazu die Beiträge in: Johannes Schwartländer (Hg.), *Modernes Frei-*

Damit eröffnet sich schließlich auch die Perspektive einer produktiven Auseinandersetzung der Religionsgemeinschaften mit dem politisch-rechtlichen Freiheitsethos, wie es dem modernen säkularen Rechtsstaat zugrunde liegt. Auch dabei kommt der Religionsfreiheit eine Schlüsselfunktion zu. Denn an der Möglichkeit, die Religionsfreiheit – also eine zunächst politisch-rechtliche Kategorie – auch theologisch zu akzeptieren und zu würdigen, erweist sich entscheidend die Gesprächsfähigkeit und Gestaltungskraft der Religionsgemeinschaften in der modernen, pluralistischen Gesellschaft.

heitsethos und christlicher Glaube. Beiträge zur Bestimmung der Menschenrechte (Mainz: Grünewald, 1981).

III Antiliberale Säkularitätskonzepte

Der Begriff der Säkularität unterliegt höchst unterschiedlichen Interpretationen. Im Rahmen einer freiheitlichen Demokratie markiert er, wie erläutert, den Anspruch des Staates auf religiös-weltanschauliche Neutralität, die ihrerseits eine Konsequenz der Religionsfreiheit darstellt. Die so verstandene rechtsstaatliche Säkularität soll nun mit antiliberalen Säkularitätskonzeptionen kontrastiert werden, die gerade auch in der Debatte um den Islam immer wieder zu Tage treten. Ich konzentriere mich auf drei verbreitete Varianten: (1) die Erwartung, dass im säkularen Rechtsstaat Religion eine ausschließlich private Angelegenheit sei und mit Politik nichts zu tun haben dürfe; (2) die Identifikation der staatlichen Säkularität mit einem weltanschaulichen Säkularismus; und schließlich (3) Tendenzen einer kulturalistischen Vereinnahmung des säkularen Staats zu einem ausschließlich »westlichen« Modell. Während die ersten beiden Vorstellungen nicht per se gegen Muslime gerichtet sind, ist dem kulturalistischen Argumentationsmuster heutzutage vielfach von vornherein eine islamkritische, wenn nicht gar eine scharf antiislamische Tendenz inhärent.

1. Privatisierung der Religion

Es wird vielfach unterstellt, dass Religion im säkularen Staat nur noch eine private Angelegenheit sei und in der Öffentlichkeit keine Rolle spielen solle. Vor allem von der Politik sei die Religion fernzuhalten. Daraus resultiert die gängige Forderung nach einer Trennung von Religion und Politik.[1] Dieses Schlagwort wird in jüngerer Zeit immer

1 Vgl. Bassam Tibi, *Die neue Weltunordnung. Westliche Dominanz und islamischer Fundamentalismus* (Hamburg: Propyläen, 1999), S. 352: »Eine internationale Moralität, welche die Menschenrechte fördert und von allen Zivilisationen anerkannt wird, muss sich auf Säkularität gründen – nicht unbedingt im komplexen Sinn einer ›funktionalen Differenzierung

wieder in kritischer Absicht gegenüber Muslimen bemüht, gilt der Islam doch geradezu als das Paradigma einer »politischen Religion«. Von daher entsteht leicht der Verdacht, dass zwischen Islam und säkularer Staatsverfassung ein unüberwindbarer Antagonismus bestünde – ein Verdacht, der sowohl von Islamkritikern als auch von islamistischen Intellektuellen genährt wird.

Die Prämisse, dass im säkularen Rechtsstaat die Religion ausschließlich Privatsache sei, erweist sich bei näherem Hinsehen jedoch als verfehlt. Denn die Religionsfreiheit beschränkt sich keineswegs darauf, jedem Einzelnen die Freiheit seines *persönlichen* Glaubens und Bekenntnisses zu garantieren. Ihr Schutzbereich geht über jenes »Privatexercitium« hinaus, das schon tolerante Fürsten im aufgeklärten Absolutismus religiösen Dissidenten einzuräumen bereit waren, und umfasst zugleich auch *öffentliche* Manifestationen individueller und gemeinschaftlicher Religionsausübung. Die Säkularität des Staates gründet zwar im Prinzip der respektvollen Nicht-Identifikation, das sich institutionell in der Trennung von Staat und Religionsgemeinschaften niederschlägt. Sie zielt jedoch keineswegs auf die Abdrängung der Religionsgemeinschaften aus der gesellschaftlichen Öffentlichkeit ab.[2] Dass sich gerade auf der Grundlage einer Trennung von Staat und Religionsgemeinschaften ein *öffentliches* religiöses Leben in der Gesellschaft entfalten kann, war übrigens die erstaunliche Entdeckung, die bereits vor 170 Jahren Alexis de Tocqueville auf seiner Expedition nach Amerika machte. Selbst katholische Geistliche, so seine auf dem Hintergrund der kulturkämpferischen Verwerfungen im postrevolutionären Frankreich höchst überraschende Beobachtung, »schrieben es

der Gesellschaft‹, sondern schlicht als Trennung von Religion und Politik.«

2 Vgl. Gerhard Luf, »Die religiöse Freiheit und der Rechtscharakter der Menschenrechte. Überlegungen zur normativen Genese und Struktur der Religionsfreiheit«, in: Schwartländer (Hg.), *Freiheit der Religion*, a.a.O., S. 71-92, hier S. 89ff.

hauptsächlich der völligen Trennung von Kirche und Staat zu, daß die Religion friedlich in ihrem Lande herrscht«.[3]

Die Möglichkeit öffentlichen Wirkens bezieht sich nicht nur auf die allgemeine *gesellschaftliche* Öffentlichkeit, in der sich Religionsgemeinschaften sichtbar präsentieren können, indem sie beispielsweise durch den Bau von Gotteshäusern – darunter heute auch repräsentativen Moscheen[4] – den öffentlichen Raum mitgestalten. Öffentlichkeit schließt darüber hinaus die *politische* Öffentlichkeit ein. Auch Religionsgemeinschaften können sich als Akteure der modernen Zivilgesellschaft konstituieren und an öffentlich-politischen Debatten mitwirken, wie dies die christlichen Kirchen schon lange erfolgreich praktizieren. Die Freiheit öffentlicher Selbstpräsentation ist im Übrigen keineswegs jenen Religionsgemeinschaften vorbehalten, die den Status einer »Körperschaft öffentlichen Rechts« innehaben, sondern steht allen Gruppen unabhängig von ihrer rechtlichen Organisationsform zu.

Gegen die Öffentlichkeitswirksamkeit der Religionsgemeinschaften wird gelegentlich geltend gemacht, dass dadurch die »negative Religionsfreiheit« verletzt sei. Eine besondere Rolle spielt dieses Argument seit einigen Jahren in der Auseinandersetzung um den Ruf des Muezzin.[5] In der Tat gibt die Religions- und Weltanschauungsfrei-

3 Alexis de Tocqueville, *Über die Demokratie in Amerika.* Zwei Bände (Stuttgart: Deutsche Verlagsanstalt, 1959/62), Band I, S. 341.

4 Vgl. dazu Claus Leggewie/Angela Joost/Stefan Rech, *Der Weg zur Moschee. Eine Handreichung für die Praxis* (Bad Homburg: Herbert-Quandt-Stiftung, 2002); dies., »Nützliche Moscheekonflikte? Lackmustest auf praktische Religionsfreiheit«, in: *Blätter für deutsche und internationale Politik,* Heft 7, 2002, S. 812-821. Umfangreiche und gründliche Fallstudien zum Thema enthält die noch nicht veröffentlichte Dissertation von Thomas Schmitt, *Moscheen in Deutschland – Konflikte um ihre Errichtung und Nutzung* (Diss. TU München, Fakultät für Wirtschafts- und Sozialwissenschaften, 2001).

5 Vgl. Hans-Peter Raddatz, *Von Gott zu Allah. Christentum und Islam in der liberalen Fortschrittsgesellschaft* (München: Herbig, 2001), S. 398: »Im Zuge der Installation von Lautsprecheranlagen, welche wie im Islam ein solches

heit Menschen nicht nur das (»positive«) Recht, ihren religiösen oder nicht-religiösen Glauben zu bekennen und ihr Leben danach auszurichten; sie schützt genauso (»negativ«) das Recht derjenigen, die ihre Überzeugungen für sich behalten und religiösen Praktiken fernbleiben wollen.[6] Die negative Religionsfreiheit rechtfertigt jedoch keineswegs staatliche Restriktionen gegen solche Einflüsse, die aus der allgemeinen gesellschaftlichen Präsenz und öffentlichen Selbstpräsentation der Religionsgemeinschaften resultieren. Auch das Kruzifix-Urteil des Bundesverfassungsgerichts vom Mai 1995,[7] auf das in diesem Zusammenhang gern verwiesen wird, richtet sich nicht per se gegen das Anbringen von Kreuzen oder anderen religiösen Symbolen im Klassenzimmer; es enthält – entgegen einem verbreiteten Missverständnis – kein »Kruzifixverbot«[8] im öffentlichen Raum. Seine Stoßrichtung besteht vielmehr darin, dass es eine *staatliche Vorschrift* zur Anbringung von Kreuzen in *staatlichen* Einrichtungen als unvereinbar mit der Religionsfreiheit verwirft. Daraus zu schließen, dass die negative Religionsfreiheit einen Rechtstitel zur Purifizierung der Öffentlichkeit von religiösen – insbesondere islamischen – Symbolen gäbe, wäre abwegig.[9]

Wenn aber die Religionsfreiheit auch öffentliche und – im weiteren Sinne des Wortes – »politische« Aktivitäten der Religionsgemeinschaften umfasst, so folgt daraus, dass die gängige Formel von der Trennung zwischen Religion und Politik zu kurz greift; sie ist zur Bestimmung eines auf Achtung der Religionsfreiheit gegründeten säkularen Rechtsstaats ungeeignet. Es ist zwar richtig, dass die Religionsfreiheit eine institutionelle Trennung von Religion und *Staat* verlangt. In

Bekenntnis unüberhörbar verbreiten, wird das Recht auf negative Glaubensfreiheit entsprechend ausgehöhlt.«

6 Vgl. Böckenförde, Notwendigkeit und Grenzen staatlicher Religionspolitik, a.a.O., S. 174.

7 Vgl. BVerfGE, Bd. 93, S. 1-37 (einschließlich der abweichenden Voten).

8 So aber die Unterstellung von Raddatz, *Von Gott zu Allah?*, a.a.O., S. 407.

9 Vgl. Rohe, *Der Islam. Alltagskonflikte ...*, a.a.O, S. 86.

einer freiheitlichen Demokratie hat der Staat aber gerade nicht das Monopol des Politischen inne, sondern ist seinerseits zurückgebunden an den öffentlich-politischen Diskurs in der Zivilgesellschaft, an dem sich auch die Religionsgemeinschaften beteiligen können.[10] Die Formel »Trennung von Religion und Politik« wäre deshalb, wollte man sie wörtlich nehmen, letztlich eine Absage an ein freiheitliches Politikverständnis: Sie impliziert entweder eine Entpolitisierung der Gesellschaft oder eine erzwungene Privatisierung der Religion (oder auch beides), in jedem Fall aber eine Einschränkung politisch-rechtlicher Freiheit. Eine von Staats wegen erzwungene pauschale Trennung von Religion und Politik kann es deshalb in einem freiheitlichen Gemeinwesen nicht geben.

Aus den vorangegangenen Überlegungen folgt nebenbei, dass die Verbindung von Religion und Politik keineswegs ein zureichendes Kriterium für die Bestimmung des religiösen Fundamentalismus bildet. Wie immer man den Fundamentalismus definieren mag (eine Frage, die bislang nicht befriedigend gelöst ist), sicher ist, dass nicht der politische Anspruch einer religiösen Bewegung als solcher, sondern allenfalls ein bestimmter *Modus* der Verbindung von Religion und Politik als Merkmal des Fundamentalismus dienen kann. Näherhin ist dies der Modus der »Unmittelbarkeit«, und zwar dergestalt, dass ein Anspruch besteht, aus den Quellen der Religion unmittelbar und für alle verbindlich definitive Regeln für die Gestaltung des Gemeinwesens ableiten zu können. Eine *solche Form* der Verbindung von Religion und Politik steht in der Tat in Widerspruch zum Postulat freier, diskursiver Verständigung über die Grundlagen des Zusammenlebens in einer pluralistischen Gesellschaft.

Der Klarstellung, dass die Religionsfreiheit keineswegs auf eine abstrakte Trennung von Religion und Politik hinausläuft, kommt im Blick auf den Islam und hier lebende Muslime erhebliche Bedeutung zu. Denn es lässt sich feststellen, dass das Schlagwort »Trennung von

10 Zur Zivilgesellschaft als modernem Ort der Präsenz der Religionsgemeinschaften vgl. José Casanova, *Public Religions in the Modern World* (Chicago: Chicago University Press, 1994).

Religion und Politik« in den aktuellen politischen Debatten vielfach kritisch gegen den Islam gerichtet wird. Indem es dazu dient, die Kompatibilität des Islams als einer politischen Religion mit der säkularen Verfassungsordnung grundsätzlich in Zweifel zu ziehen, spielt es ausgerechnet denjenigen islamistischen Ideologen in die Hände, die ihrerseits den ganzheitlichen Anspruch des Islams polemisch gegen eine vermeintliche Zwangsprivatisierung des Religiösen durch den säkularen Rechtsstaat in Stellung bringen. In beiden Fällen ist die Prämisse der Argumentation jedoch falsch. Denn die als Konsequenz der Religionsfreiheit durchgeführte Trennung von Religion und *Staat* hat nichts zu tun mit einer Abdrängung der Religion in einen bestimmten Lebensbereich (d.h. den Bereich des Privaten) auf Kosten einer religiös motivierten Mitgestaltung des öffentlichen und zumal des politischen Lebens.[11] Stattdessen geht es darum, die – individuelle und kommunitäre bzw. private und öffentliche – Religionsausübung von ungewollter staatlicher Intervention freizuhalten und gleichzeitig den Staat als weltanschaulich offene (»säkulare«) Heimstätte aller in ihm lebenden Menschen, quer zu ihren unterschiedlichen religiösen oder nicht-religiösen Überzeugungen, zu organisieren.

Was der säkulare Rechtsstaat den Religionsgemeinschaften mit Recht abverlangt, ist nicht der Rückzug ins Private, sondern die faktische Anerkennung des Pluralismus in einer freiheitlichen Gesellschaft. Dazu zählt entscheidend die Akzeptanz der säkularen staatlichen Rechtsordnung, die als institutionelle Voraussetzung des freien und gleichberechtigten Zusammenlebens von Menschen unterschiedlicher Glaubensüberzeugungen und Lebensformen einen *praktischen Geltungsvorrang* auch gegenüber religionsrechtlichen Normen beansprucht. Wenn die Religionsgemeinschaften in öffentlichen und politischen Debatten Gehör finden wollen (was ihnen freigestellt ist), müssen sie sich darüber hinaus auf den gesellschaftlichen Pluralismus sowie auf die Säkularität des Rechtsstaats *auch inhaltlich* einlassen. Sie werden dabei nicht umhin kommen, ihre religiös begründeten politi-

11 So aber offensichtlich die Unterstellung von Tibi, *Die neue Weltunordnung*, a.a.O., S. 164ff.

schen Anliegen in die Sprache des säkularen Rechtsstaats und der ihn tragenden politischen Kultur zu übersetzen – im Wissen darum, dass in jeder Übersetzung unvermeidlich Wesentliches verloren geht.[12] Bei alldem werden sie schließlich auch Veränderungen ihres theologischen und ethischen Selbstverständnisses riskieren müssen. Für Traditionalisten und Fundamentalisten mag dies im Vergleich zu einem staatlich verordneten Rückzug ins private Ghetto die größere Zumutung sein.

2. Säkularismus als Staatsideologie

Das Prinzip der respektvollen Nicht-Identifikation bedeutet nicht nur die Absage an einen religiösen Konfessionsstaat; dem Staat ist es auch versagt, sich mit einer nicht-religiösen Weltanschauung bekenntnishaft zu identifizieren. Dies ist im Begriff der religiös-weltanschaulichen Neutralität impliziert.[13] Anlass für viel Verwirrung gibt allerdings die Tatsache, dass manche postreligiösen Weltanschauungsgemeinschaften selbst unter dem Begriff des »Säkularen« firmieren. Dies gilt etwa für die Mitte des 19. Jahrhunderts in England um George Holyoake gebildete »Secular Society«, die ihr zentrales Bekenntnis »Science is the Providence of Man« in kirchenähnlichen Kultstätten liturgisch zelebriert hat.[14] Auch in Deutschland sind im Laufe des 19. Jahrhunderts

12 Vgl. Ernst-Wolfgang Böckenförde, »Staat – Gesellschaft – Kirche«, in: *Christlicher Glaube in moderner Gesellschaft*, Bd. 15 (Freiburg i.Br.: Herder, 1982), S. 5-120, hier S. 86.

13 Vgl. Christoph Link, »Der staatskirchenrechtliche Rahmen der Religionsausübung und Religionspolitik in Deutschland im 20. Jahrhundert. Historische Einschnitte und aktuelle Situation«, in: Gritt Klinkhammer/ Tobias Frick (Hg.), *Religionen und Recht. Eine interdisziplinäre Diskussion um die Integration von Religionen in demokratische Gesellschaften* (Marburg: Diagonal, 2002), S. 33-47, hier S. 35.

14 Vgl. Bernhard Plé, »Säkularismus als Religion?«, in: Hildebrandt/ Brocker/ Behr (Hg.), *Säkularisierung und Resakralisierung* ..., a.a.O., S. 97-116, hier S. 105.

säkularistische Weltanschauungsgemeinschaften entstanden, etwa die von Friedrich Jodl und Ferdinand Tönnies gegründete »Deutsche Gesellschaft für Ethische Kultur«.[15] Wie sehr eine säkularistische Weltsicht religiöse Sprache annehmen kann, zeigt nicht zuletzt das Beispiel der »monistischen Sonntagspredigten«, die der »Monistenbund« um Ernst Haeckel regelmäßig herausgegeben hat.[16]

Auch die Anhänger eines weltanschaulichen Säkularismus oder Atheismus haben ein Recht darauf, gleichberechtigt in den Genuss der Religions- und Weltanschauungsfreiheit zu kommen, die als Menschenrecht keineswegs den Mitgliedern theistischer Religionsgemeinschaften vorbehalten sein kann. Dies schließt die Möglichkeit zu politischem Engagement ein, in dem sich der weltanschauliche Säkularismus als gesellschaftliche Kraft darstellen und mit seinen ethischen Prinzipien politische Debatten mitgestalten kann. Die Grenze legitimen Engagements wäre allerdings dann überschritten, wenn der Versuch gemacht würde, den Staat auf ein säkularistisches Glaubensbekenntnis zu verpflichten. Denn ein säkularistischer Konfessionsstaat würde das Prinzip der respektvollen Nicht-Identifikation verletzen und stünde damit – nicht weniger als ein religiöser Konfessionsstaat – in Gegensatz zur gebotenen religiös-weltanschaulichen Neutralität des Staates. Er wäre nicht eine ideologische Übersteigerung des säkularen Rechtsstaats, sondern seine prinzipielle Negation.

Dass ein ideologisch-säkularistischer Staat gleichsam auf ein postreligiöses Äquivalent von Theokratie hinauslaufen kann, lässt sich am Beispiel der um die Mitte des 19. Jahrhunderts von Auguste Comtes entworfenen Wissenschaftsideologie illustrieren. Deren »soziokratischer« Anspruch ist ganz analog zu den »theokratischen« Vorstellungen Joseph de Maistres und anderer Denker der katholischen Gegenrevolution konstruiert, die Comte zwar bekämpft, für die er aber zugleich offene Bewunderung hegt.[17] An die Stelle des traditionellen christli-

15 Vgl. Lübbe, *Säkularisierung*, a.a.O., S. 42.

16 Vgl. ebd., S. 51.

17 Vgl. Auguste Comte, *Système de Politique Positive ou Traité de Sociologie,*

chen Klerus treten in seiner Fortschrittsvision wissenschaftlich ausgebildete Soziologen, die als »Priester der Humanität« im Bund mit den aufsteigenden Kräften von Wirtschaft und Industrie das öffentliche Leben formieren und die Staatsgewalt auf ihr um »Liebe, Ordnung und Fortschritt« zentriertes Bekenntnis verpflichten sollen.[18] Bei allem Fortschrittspathos hat die postreligiöse Soziokratie Comtes mit Menschenrechten und Religionsfreiheit nichts zu tun. Vielmehr will Comte die, wie er schreibt, »stets subversiven« Menschenrechte durch eine Kodex universeller Pflichten ablösen, die den Einzelnen ganz in das gesellschaftliche Kollektiv und den quasi-religiösen Kult der Humanität einbinden.[19] Das historisch wirkmächtigste Beispiel einer säkularistischen Staatsideologie ist indessen bekanntlich der Marxismus. Seine Intention der Überwindung der traditionellen Religionen zeigt sich schon beim frühen Marx, wenn er in seiner Kritik an der Menschenrechtserklärung der Französischen Revolution statt des Rechts auf Religionsfreiheit die *Befreiung des Menschen von der Religion* fordert.[20] Die dem Marxismus verpflichteten Staaten haben den Religionen im Rahmen der herrschenden Staatsideologie dementsprechend bestenfalls »Toleranzspielräume« konzediert, die zwischen den Volksrepubliken Polen und Albanien zwar erheblich differieren konnten, an eine rechtsverbindlich gewährleistete Religionsfreiheit aber nicht heranreichten.

Der weltanschauliche Säkularismus in allen seinen Varianten unterscheidet sich von der Säkularität des Rechtsstaats nicht nur graduell (etwa derart, dass die rechtsstaatliche Säkularität die mildere und der weltanschauliche Säkularismus die entschiedenere Variante wäre), sondern *prinzipiell*. Wer beide miteinander vermengt oder miteinander identifiziert, verbaut sich deshalb von vornherein die Möglichkeit, den

Instituant la Religion de l'Humanité. Drei Bände (Nachdruck der Ausgabe von 1851, Osnabrück: Otto Zeller, 1967), Bd. 3, S. 605.

18 Vgl. ebd., Bd. 1, S. 321ff.

19 Vgl. ebd., Bd. 1, S. 363ff.; Bd. 3, S. 601.

20 Vgl. Karl Marx, »Zur Judenfrage«, in: *Marx-Engels-Werke* (Ostberlin: Dietz, 1970), Bd. 1, S. 347-377, hier S. 369.

normativen Anspruch des säkularen Rechtsstaats überhaupt zur Kenntnis zu nehmen.

Für die öffentliche Debatte um die Präsenz muslimischer Minderheiten und für das Gespräch mit Muslimen ist diese Klarstellung von großer Bedeutung. Denn die Vermutung, dass dem säkularen Staat eine säkularistische oder atheistische Weltsicht zugrunde liegt, scheint, dies jedenfalls ist der Eindruck aus zahlreichen Diskussionen, unter Muslimen sehr verbreitet zu sein.[21] Dies mag nicht zuletzt damit zusammen hängen, dass ihnen mit dem türkischen Kemalismus eine Form des Säkularismus vor Augen steht, dessen Fortschrittspathos und Wissenschaftsglaube tatsächlich stark weltanschauliche Züge hat (und der deshalb nicht ohne Weiteres als das Beispiel für eine Verwirklichung rechtsstaatlicher Säkularität im islamischen Raum fungieren kann, als das er nicht selten politisch in Anspruch genommen wird). Dies gilt vor allem für die kulturrevolutionäre Frühphase des Kemalismus, in der der Staat, um die politische Dominanz des Islams zu brechen, die Religion fast völlig aus dem öffentlichen Leben verbannte.[22] Nach dem Tode des Staatsgründers Mustafa Kemal Atatürk (1938) hat sich die Religionspolitik zwar geändert; sie hat den sunnitischen Islam zunehmend als Medium gesellschaftlicher Integration entdeckt und (auf Kosten religiöser Minderheiten wie der Aleviten, der Yeziden und der orientalischen Christen) aktiv gefördert. Es bleibt aber dabei, dass der türkische Staat in Gestalt des »Präsidiums für religiöse Angelegenheiten« (Diyanet) eine umfassende Kontrolle über das religiöse Leben in der Gesellschaft ausübt,[23] die mit den Prinzipien eines säkularen Rechtsstaats nicht vereinbar ist. Ob und inwieweit es als Konsequenz der jüngst beschlossenen Reformmaßnahmen zu einer Liberalisierung

21 Vgl. auch die Einschätzung von Thomas Lemmen/Melanie Miehl, *Miteinander leben. Christen und Muslime im Gespräch* (Gütersloh: Gütersloher Verlagshaus, 2001), S. 111f.

22 Vgl. Schiffauer, *Die Gottesmänner*, a.a.O., S. 41ff.

23 Vgl. Levent Tezcan, *Religiöse Strategien der »machbaren« Gesellschaft. Verwaltete Religion und islamistische Utopie in der Türkei* (Bielefeld: transcript, 2003), S. 61ff.

der türkischen Religionspolitik kommen wird, bleibt abzuwarten. Jüngere Berichte über interreligiöse Öffnungstendenzen des Diyanet geben diesbezüglich immerhin Anlass zur Hoffnung.[24]

Der weltanschauliche Säkularismus, wie er sich im 19. Jahrhundert in Gestalt geschlossener quasi-religiöser Systeme und Weltanschauungsgemeinschaften im Sinne Comtes oder Holyoakes konstituiert hat, kommt uns heute befremdlich vor. Die Fortschrittshoffnungen, die darin Ausdruck finden, lassen sich nach den Katastrophenerfahrungen des 20. Jahrhunderts schwer nachvollziehen; und auch die Erwartung, dass die Wissenschaft mit der Zeit alle »Welträtsel« werde lösen können, wird heute kaum mehr geteilt. In diesem Sinne befinden wir uns in Europa mittlerweile in einer »postsäkularen Gesellschaft«,[25] wie Habermas es genannt hat. Es spricht aber viel für die Annahme, dass bestimmte Facetten des weltanschaulichen Säkularismus, eher unsystematisch und fragmentiert, nach wie vor in der Öffentlichkeit präsent sind. Es mag sein, dass sich z.B. hinter dem immer wieder formelhaft beschworenen Postulat der Trennung von Religion und Politik ideologische Positionen verbergen, die die Religionen als Relikte der Vergangenheit betrachten und aus dem öffentlichen Leben herausdrängen wollen. Dass solche Positionen öffentlich geäußert werden und Anlass zum Streit bieten, gehört zur Normalität einer pluralistischen Gesellschaft. Als Programm staatlicher Politik müssten sie jedoch in Widerspruch zur religiös-weltanschaulichen Neutralität des säkularen Staates geraten.

24 Vgl. Helmut Wiesmann, »Der II. Religionsrat in Ankara (23. bis 27. November 1998). Interreligiöser Dialog, religionspolitische Entwicklungen und Lage der katholischen Kirche in der Türkei«, in: Reiner Albert/Wilfried Dettling (Hg.), *Im Schatten der Politik. Einwirkungen auf das christlich-islamische Gespräch* (Altenberge: Oros Verlag, 2002), S. 231-281.

25 Jürgen Habermas, *Rede angesichts der Verleihung des Friedenspreises des Deutschen Buchhandels 2001* (Frankfurt a.M.: Börsenverein, 2001), S. 37-56, hier S. 40ff.

3. Kulturalistische Vereinnahmungen der Säkularität

Die Säkularität des Rechtsstaats ist als verfassungsrechtliches Prinzip in Nordamerika und Westeuropa entstanden. Dies gilt ähnlich für die Religionsfreiheit, die im Kontext der Menschenrechte ebenfalls zunächst im Westen politisch-rechtlich wirksam geworden ist. Als historisches *Faktum* lässt sich der westliche Ursprung der Religionsfreiheit und des säkularen Rechtsstaats (bei aller Kritik an ihrer oft halbherzigen Formulierung und Umsetzung) schwerlich bestreiten. Doch was folgt daraus *systematisch* für das Verständnis der in der Religionsfreiheit begründeten Säkularität des Staates? Handelt es sich dabei um ein exklusiv »westliches Modell«? Gehört der säkulare Rechtsstaat zum kulturellen Erbe ausschließlich der »westlichen Zivilisation«, das in nicht-westlichen Kontexten entweder gar nicht oder nur um den Preis einer durchgreifenden kulturellen »Verwestlichung« verwirklicht werden kann? Eine solche kulturalistische Sichtweise war und ist weit verbreitet. Ihr derzeit prominentester Vertreter heißt Samuel Huntington, bekannt geworden durch seine umstrittene These vom drohenden »clash of civilizations«. In Huntingtons weltpolitischer Landkarte bildet die Trennung von Staat und Religionsgemeinschaften eines von mehreren unterscheidenden kulturellen Merkmalen der westlichen Zivilisation, durch die Letztere sich gegenüber anderen Zivilisationen, namentlich dem Islam, scharf abgrenzen lässt.[26]

Kulturalistische Deutungen der Säkularität des Rechtsstaats finden sich in den unterschiedlichsten Formen. Vereinfacht könnte man sie in eine traditionalistische und eine modernistische Variante einteilen. Innerhalb der traditionalistischen Variante geht es vor allem um bestimmte Motive des Christentums bzw. der christlichen Geschichte, von denen es heißt, dass sie den unerlässlichen historisch-kulturellen Boden für die Entwicklung des neuzeitlichen Säkularitätsbegriffs bil-

26 Vgl. Samuel P. Huntington, *The Clash of Civilizations and the Remaking of World Order* (New York: Simon & Schuster, 1996), S. 42ff. u.ö.

den. Der kulturalistische Fehlschluss besteht nicht im Hinweis auf solche Motive und ihre historische Prägekraft, sondern kommt erst dann zustande, wenn man sie zur *conditio sine qua non* der rechtsstaatlichen Säkularität stilisiert. Zu den in diesem Sinne häufig angeführten Faktoren zählen die Luther'sche Unterscheidung des geistlichen und des weltlichen Regiments, der mittelalterliche Investiturstreit und die in seinem Gefolge erarbeitete begriffliche Differenzierung von spiritualia und temporalia, wenn nicht schon das Jesus-Wort »Gebt dem Kaiser, was des Kaisers ist, und Gott, was Gottes ist« (Matthäus 22,21).[27] Gelegentlich findet sich auch die Vorstellung, dass die Säkularität des Staates ihren Ursprung im Ganzen der jüdisch-christlichen Tradition habe, nämlich in der darin angelegten Differenz zwischen Schöpfergott und Welt.[28] Die modernistische Variante des Kulturalismus konzentriert sich demgegenüber auf die Bedeutung der westlichen Aufklärung als Voraussetzung des modernen säkularen Rechtsstaats. Das Moment des kulturalistischen Fehlschlusses besteht dabei – analog zur traditionalistischen Variante – wiederum in der Exklusivierung des »westlichen« Charakters von Aufklärung und Moderne, d.h. in dem Anspruch, dass Modernisierung prinzipiell nur im Horizont kultureller Verwestlichung möglich ist.[29]

Kulturalistische Interpretationen, gleich welcher Variante, haben weitreichende Konsequenzen für das Verständnis und ggf. auch für die praktische Ausgestaltung des säkularem Rechtsstaats. Diese Konsequenzen zeigen sich besonders im Blick auf »nicht-westliche« Religionsgemeinschaften, unter denen die Muslime bekanntlich die größte

27 Vgl. Hartmut Zinser, »Wehrhafte Religionsfreiheit und religiöser Verbraucherschutz. Grenzen der Religionsfreiheit in der Bundesrepublik Deutschland«, in: Klinkhammer/Frick (Hg.), *Religionen und Recht*, a.a.O., S. 71-82, hier S. 75.

28 Vgl. z.B. Wolfhart Pannenberg, »Civil Religion? Religionsfreiheit und pluralistischer Staat: Das theologische Fundament der Gesellschaft«, in: Peter Koslowski (Hg.), *Die religiöse Dimension der Gesellschaft. Religion und ihre Theorien* (Tübingen: Mohr Siebeck, 1985), S. 63-75, bes. S. 70ff.

29 Vgl. in diesem Sinne Tibi, *Im Schatten Allahs*, a.a.O., S. 31 u.ö.

Gruppe bilden. Während nach der traditionellen Variante des Kulturalismus das Verhältnis von Muslimen und säkularem Rechtsstaat in der Linie der alten Auseinandersetzung zwischen Orient und Abendland gesehen wird, geht es nach der modernistischen Variante scheinbar um den epochalen Konflikt zwischen Vormoderne und Moderne. In beiden Fällen jedoch stehen die Muslime gleichsam für »das Andere«: entweder für den Orient oder für eine unaufgeklärte Vormoderne. Für Hans-Ulrich Wehler repräsentieren sie »einen militanten Monotheismus, der seine Herkunft aus der Welt kriegerischer arabischer Nomadenstämme nicht verleugnen kann« und Europa deshalb wesensfremd bleiben muss.[30] Dass auch die modernistische Variante des Kulturalismus zu Ausgrenzungen führen kann, zeigt sich bei Hans Ebeling, wenn er gegen muslimische Migranten eine »Aufklärung« mobilisiert, die nicht nur von vornherein eurozentrisch definiert ist, sondern zugleich auch mit militärischen Konnotationen aufgeladen wird – nämlich in der Forderung, »dass heute die Aufklärung eine Funktion übernehmen muss, die spätestens seit Karl Martell und der Schlacht zwischen Tours und Poitiers (732) auf der Länge eines nicht unbedeutenden Jahrtausends gerade das Christentum wahrgenommen hatte«.[31]

30 So Hans-Ulrich Wehler in einem Interview vom 10. September 2002 mit der *Tageszeitung (taz)*, das unter dem Titel »Muslime sind nicht integrierbar« erschienen ist.

31 Hans Ebeling, *Der multikulturelle Traum. Von der Subversion des Rechts und der Moral* (Hamburg: Europäische Verlagsanstalt, 1994), S. 75. Ein weiteres Beispiel für die Verdinglichung der Begriffe von Aufklärung und kultureller Moderne sind die Bücher von Bassam Tibi, der gleichsam eine modernisierungstheoretisch gewendete Variante der Huntington-These vertritt. Infolge seiner Identifikation von moderner Aufklärung mit der westlichen Zivilisationen attackiert Tibi die Idee des Multikulturalismus als eine Gefährdung aller aufklärerischen Errungenschaften. Vgl. z.B. Tibi, *Im Schatten Allahs*, a.a.O., S. 107: »Wer heute unter den Bedingungen dieser Revolte zur kulturellen Moderne steht, dem bleibt nur die Wahl, die Normen und Werte des Westens zu verteidigen oder den Vor-

Nicht selten verbinden sich im Interesse einer Abgrenzung gegenüber dem Islam auch traditionalistische und modernistische Motive, etwa wenn Rolf Stolz vom Rolandslied bis zu Voltaires Dramen sämtliche anti-islamischen Klischees mobilisiert, um die symbolischen Grenzen gegen Muslime dicht zu machen.[32]

Nach der kulturalistischen Sichtweise in all ihren Varianten sind muslimische Minderheiten im modernen Europa wesentlich »Fremde«. Sofern sie gleichwohl die Religionsfreiheit des säkularen Rechtsstaats für sich einfordern, tun sie dies – so die Konsequenz des kulturalistischen Ansatzes – im Grunde lediglich als Trittbrettfahrer westlicher Errungenschaften, zu denen sie nicht nur keinen eigenen kulturellen Zugang haben, sondern deren kulturelle Voraussetzungen sie durch ihre Präsenz eventuell sogar gefährden. Von daher liegt es nahe, ihre Möglichkeiten zur Inanspruchnahme der Religionsfreiheit entweder in engen Grenzen zu halten oder von einer durchgreifenden kulturellen Assimilation abhängig zu machen, für die Bassam Tibi den schillernden Begriff eines »Euro-Islam« geprägt hat.[33]

Kulturalistische Tendenzen zeigen sich auch in der juristischen Literatur zum Islam in Deutschland. So wirft Christian Hillgruber die Frage auf, ob die Religionsfreiheit nicht unter einem »ungeschriebenen Kulturvorbehalt« steht, »der ihre Inanspruchnahme durch Muslime und islamische Vereine ausschließt«.[34] Zwar hält Hillgruber letzt-

marsch vormoderner Kulturen mitsamt ihren Ansprüchen tatenlos als Multikulturalismus hinzunehmen.«

32 Vgl. Rolf Stolz, *Kommt der Islam? Die Fundamentalisten vor den Toren Europas* (München: Herbig, 1997), S. 76 bzw. S. 80. (Eine ausführliche kritische Besprechung dieses Buches habe ich vorgelegt in: *Newsletter. Forschungsnetzwerk für ethnisch-kulturelle Konflikte, Rechtsextremismus und Gewalt*, Nr. 11 (1/ 99), S. 44-50.)

33 Vgl. Tibi, *Im Schatten Allahs*, a.a.O., S. 286ff.

34 Christian Hillgruber, »Der deutsche Kulturstaat und der muslimische Kulturimport. Die Antwort des Grundgesetzes auf eine religiöse Herausforderung«, in: *Juristenzeitung* 11 (1999), S. 538-547, hier S. 540. Vgl. auch ebd., S. 547: »Die Feststellung, daß sich der aus einem anderen Kultur-

lich doch – nolens volens – daran fest, dass sich das Recht der Religionsfreiheit aufgrund seiner menschenrechtlichen Struktur auch auf Muslime erstreckt. Schon der Titel seines Aufsatzes »Der deutsche Kulturstaat und der muslimische Kulturimport« lässt aber das kulturalistische Grundmuster der Argumentation erkennen, das darauf hinausläuft, zumindest der *öffentlichen* Religionsausübung von Muslimen – sei es in der Frage des Kopftuches, sei es im Blick auf einen islamischen Religionsunterricht in staatlichen Schulen – möglichst wenig Raum zu geben. Josef Isensee spricht Muslimen zwar ebenfalls das Recht auf Religionsfreiheit zu, will bei dessen inhaltlicher Ausgestaltung jedoch am »christlich geprägten ethischen Horizont« als »dem ordre public unserer Rechtskultur«[35] festhalten; Vorstellungen, dass auch das subjektive Verständnis der Muslime von Religion bzw. Religionsausübung bei der Interpretation der Religionsfreiheit zu berücksichtigen sei, weist er damit entschieden zurück. Gegen Forderungen nach einer Gleichberechtigung muslimischer Verbände mit den christlichen Kirchen betont er außerdem die Funktion des Staatskirchenrechts zur Pflege einer nationalen und europäischen kulturellen Identität, weshalb eine Ausweitung staatskirchenrechtlicher Kooperation auf die »Importkultur des Islam« nicht sinnvoll sei.[36] Von der kulturalisti-

kreis stammende Islam, jedenfalls in seiner heute dominanten, radikalen Ausrichtung, in der er sich auch in Deutschland überwiegend organisiert hat, in unseren säkularen, freiheitlichen, demokratischen Verfassungsstaat nicht einfügen läßt, wirft allerdings die Frage auf, ob nicht dem Verfassungsvorbehalt – wenn auch verdeckt – ein Kulturvorbehalt zugrunde liegt und letztlich eben doch nur das Christentum den Verfassungsstaat westlicher Prägung als Ergebnis einer jahrhundertelangen abendländischen Kulturentwicklung zu tragen vermag.«

35 Josef Isensee, »Diskussionsbeitrag«, in: *Essener Gespräche zum Thema Staat und Kirche*, Heft 20 (»Der Islam in der Bundesrepublik Deutschland«), 1986, S. 186. Vgl. auch die kritische Reaktion darauf von Klaus Schlaich, ebd., S. 188.

36 Vgl. Josef Isensee, »Die Zukunftsfähigkeit des deutschen Staatskirchen-

schen Prämisse her wäre eine gleichberechtigte Integration des Islams – wohl eher theoretisch – allenfalls am Ende eines weitreichenden kulturellen Assimilierungsprozesses denkbar. Mit anderen Worten: Nur ein »Euro-Islam«, der sich kulturell und institutionell den christlichen Kirchen stark angenähert und selbst gleichsam verkirchlicht hätte, käme, wenn überhaupt, als Kooperationspartner des Staates in Frage.[37] Ansonsten sollen sich die Muslime, so die teils offen ausgesprochene Erwartung, anscheinend damit abfinden, vom deutschen Kulturstaat als eine kulturell fremde »Importreligion« betrachtet und entsprechend behandelt zu werden.

Gegen die kulturalistische Vereinnahmung des säkularen Rechtsstaats sprechen allerdings historische und vor allem systematische Gesichtspunkte. Zunächst ist gegen etwaige Vorstellungen, der säkulare Rechtsstaat habe sich gleichsam organisch aus bestimmten – insbesondere christlichen – Wurzeln der europäischen Kultur heraus entwickelt, daran zu erinnern, dass Menschenrechte, Religionsfreiheit und staatliche Säkularität auch im Westen in langwierigen *politischen Auseinandersetzung* durchgesetzt werden mussten. Sie sind deshalb, wie Dieter Senghaas ironisch vermerkt, »keineswegs das eherne Erbe einer ursprünglichen kulturgenetischen Ausstattung Europas«.[38] Es darf in diesem Zusammenhang nicht vergessen werden, dass gerade die christlichen Kirchen gegenüber Religionsfreiheit und säkularem Rechtsstaat

rechts. Gegenwärtige Legitimationsprobleme«, in: ders. u.a. (Hg.), *Festschrift Listl*, a.a.O., S. 67-90, hier S. 87.

37 Vgl. wiederum Hillgruber, Der deutsche Kulturstaat ..., a.a.O., S. 546.

38 Dieter Senghaas, *Wohin driftet die Welt? Über die Zukunft friedlicher Koexistenz* (Frankfurt a.M.: Suhrkamp, 1994), S. 112. Vgl. ders., »Schluß mit der Fundamentalismus-Debatte! Plädoyer für eine Reorientierung des interkulturellen Dialogs«, in: *Blätter für deutsche und internationale Politik* 1995, S. 180-191, hier S. 181: »In Wirklichkeit sind alle wesentlichen Merkmale des heutigen Westens weit mehr das Ergebnis höchst widersprüchlicher und konfliktreicher Entwicklungen als das Produkt einer ursprünglich chromosomenhaft angelegten, kulturgenetischen Selbstentfaltung.«

über lange Zeit hinweg Skepsis gezeigt, wenn nicht offenen Widerstand geleistet haben. Die katholische Kirche hat die Religionsfreiheit nach heftigem internem Ringen erst auf dem Zweiten Vatikanischen Konzil (1962-1965) offiziell anerkannt.[39] Das Jesuswort »Gebt dem Kaiser, was des Kaisers ist«, das Vertreter der christlichen Kirchen heute für eine theologische Würdigung des säkularen Rechtsstaats fruchtbar machen, bildet demnach nicht etwa die religiös-kulturelle »Wurzel«, aus der im Laufe von fast zweitausend Jahren der säkulare Staat mehr oder minder organisch erwachsen ist. Vielmehr verhält es sich eher umgekehrt so, dass auf dem Boden der Moderne *rückblickend* solche religiösen und kulturellen Motive aufgefunden werden, die es erlauben, zum säkularen Staat auch theologisch ein produktives Verhältnis zu entwickeln.

Entgegen der traditionalistischen Variante des Kulturalismus, die die Struktur staatlicher Säkularität tief in der Geschichte des christlichen Abendlandes verankert sieht, spricht viel für die Annahme, dass die Durchsetzung des säkularen Rechtsstaats in Europa nur im Durchgang durch die »*Aufklärung*« möglich war, die durch reflexive Distanznahme von den bis dahin dominierenden religiösen und kulturellen Traditionen Emanzipationsprozesse freigesetzt hat. Auch der Begriff der Aufklärung kann jedoch kulturalistisch vereinnahmt werden, wenn man ihn mit einer bestimmten philosophischen Schulrichtung, einer konkreten Epoche der europäischen Geschichte – dem »siècle des lumières« – oder auch generell mit der westlich-modernen Zivilisation exklusiv identifiziert. Bedenkt man dagegen, dass selbst die europäische Aufklärung im engsten Wortgebrauch ein in sich sehr pluralistisches Unterfangen darstellt (zwischen Kant, Hume und den französischen Enzyklopädisten bestehen nicht nur marginale Differenzen!), dann öffnet sich der Raum dafür, auch andere Wege geschehener oder zukünftiger Aufklärung zur Kenntnis zu nehmen bzw. zumindest für möglich zu halten. Gelegentlich in der Absicht der Entlarvung aufgeworfene Fragen wie die nach einem »islamischen Voltaire« erweisen sich deshalb als abwegig. Der Gehalt von Aufklärung kann nicht in der

39 Vgl. Hilpert, *Die Menschenrechte*, a.a.O., S. 147.

Wahrung und Nachahmung eines vorweg definierten (womöglich sogar symbolisch personifizierten) »westlichen« Modells bestehen. Die Verdinglichung der Aufklärung zu einem partikularen kulturellen Erbanspruch, der in postaufklärerischer Selbstgewissheit lediglich zu bewahren sei, steht in der Gefahr, schließlich selbst zum Bestandteile einer Gegenaufklärung zu geraten – nämlich dann, wenn das Moment der selbstkritischen Distanznahme im identitätspolitischen Gestus kultureller Selbstbehauptung verloren geht.

Gegen die identitätspolitische Vereinnahmung des Säkularitätsbegriffs zum exklusiven Kulturerbe des Westens sprechen deshalb nicht nur historische, sondern vor allem auch *systematische* Gesichtspunkte. Nimmt man die normativen Leitideen, um die es in diesem Zusammenhang geht – Menschenrechte und Religionsfreiheit – inhaltlich ernst, so drängen sie gerade zur *Überschreitung* auch desjenigen kulturellen Horizontes, in dem sie historisch zunächst entstanden sind.[40] Der normative Universalismus steht zwar keineswegs für jene geschichts- und kulturlose »Abstraktheit«, die ihm konservative Kritiker von de Maistre über Hegel bis zu Carl Schmitt immer wieder vorgeworfen haben. Tatsächlich aber verlangt er insofern Abstraktionsbereitschaft, als er die je spezifischen kulturellen Kontexte, in denen normative Ideen jeweils konkrete Wirksamkeit entfalten, als zuletzt immer nur *exemplarisch* begreift und für Veränderungen offen hält. Die Verwirklichung von Menschenrechten und Religionsfreiheit geschieht deshalb nicht als Übernahme eines bestimmten kulturellen Modells, sondern vollzieht sich in der historisch unabgeschlossenen Auseinandersetzung um die Aktualisierung gleichberechtigter Freiheit – eine Auseinandersetzung, die im Medium von Politik und positivem Recht stattfindet, zugleich aber auch die Bereitschaft zur Kritik an den positivierten Rechtsnormen einschließt. Kurz: Menschenrechte und Religionsfreiheit gibt es zwar immer nur *in* einer bestimmten Kultur, mit der sie aber dennoch nicht einfach *gleich*gesetzt werden dürfen. Andern-

40 Näher ausgearbeitet und mit weiteren Literaturhinweisen versehen finden sich die folgenden Überlegungen bei Bielefeldt, *Philosophie der Menschenrechte*, a.a.O., S. 115ff.

falls würde die kritisch-orientierende Funktion des normativen Universalismus zugunsten der Selbstbehauptung eines einmal erreichten »way of life« verloren gehen.

Bezogen auf die Religionsfreiheit bedeutet dies, dass ihre historische Konturierung durch die christlich geprägte europäische Geschichte keineswegs den zeitlos gültigen Maßstab ihrer Reichweite und Grenzen abgibt. Gegen Isensees eurozentrische Bestimmung der Religionsfreiheit betont Jörg Müller-Volbehr zu Recht: »Nicht allein der geschichtlich gewordene und erfüllte Wirkungskreis christlicher Kirchen steckt den Schutzbereich für die Reichweite des verfassungsrechtlichen Schutzes gegenüber einer nichtchristlichen Religionsausübung ab. Eine derart verengte Sichtweise liefe dem Charakter der Religions- und Weltanschauungsfreiheit als eines Menschenrechts kraß zuwider.«[41] Vielmehr muss eine menschenrechtlich gedachte Religionsfreiheit sich zuallererst am Selbstverständnis und Problemdruck der betroffenen Menschen orientieren. Auch Muslimen muss es daher möglich sein, ihre spezifischen Anliegen – von Kleidungsfragen, über die Beachtung muslimischer Speisevorschriften bis hin zum Problem des Schächtens – zu Wort zu bringen und dabei Gehör zu finden. Dies bedeutet keineswegs, dass dem Staat jede Definitionskompetenz in Sachen der Religionsfreiheit entzogen würde, wie Isensee füchtet.[42] Die unverzichtbare rechtliche Definitionskompetenz des Staates steht jedoch ihrerseits im Dienst des menschenrechtlichen Universalismus,[43] der im

41 Müller-Volbehr, Das Grundrecht der Religionsfreiheit ..., a.a.O., S. 304.

42 Vgl. Iseensee, Diskussionsbeitrag, a.a.O., S. 186. Vgl. ders., *Wer definiert die Freiheitsrechte? Selbstverständnis der Grundrechtsträger und Grundrechtsauslegung des Staates* (Heidelberg: C.F. Müller, 1980), S. 35.

43 Auch die von Gerichts wegen vorzunehmende Prüfung, ob eine bestimmte Praxis rechtlich als Religionsausübung (z.B. im Unterschied zu einer Wirtschaftstätigkeit) zu bewerten ist, kann deshalb nicht am Maßstab eines durch die christlichen Kirchen geprägten Religionsverständnisses durchgeführt werden. Vielmehr bedarf es dazu »abstrakterer« Kriterien (z.B. religionssoziologischer Art), die im Übrigen auch ihrerseits immer wieder daraufhin kritisch zu befragen sind, ob sie den sich wan-

Blick auf konkrete Unrechtserfahrungen je neu zur Geltung gebracht werden muss und gegenüber dem Interesse an der Wahrung kollektiver kultureller Identität prinzipiell Vorrang beansprucht.

Auch die in der Achtung der Religionsfreiheit begründete Säkularität des Rechtsstaats verlangt die kritische Überwindung ihrer stets drohenden kulturalistischen Verdinglichung zu einem exklusiv »westlichen Modell«. Die Tatsache, dass der säkulare Rechtsstaat in Nordamerika und Westeuropa historisch erstmals wirksam geworden ist, soll damit genauso wenig bestritten werden wie die faktische Prägekraft bestimmter religiös-kultureller Motive des Christentums für die politische Geschichte des Westens. Deshalb aber die Geltung des säkularen Verfassungsmodells im Sinne Huntingtons oder Tibis auf die westliche Zivilisation zu beschränken, wäre ein identitätspolitischer Kurzschluss, durch den die kritische Pointe der Säkularität zerstört zu werden droht. Denn durch die schlichte *Identifizierung* der rechtsstaatlichen Säkularität mit einer bestimmten religiös-kulturellen Tradition würde zuletzt gerade jenes Prinzip der *respektvollen Nicht-Identifikation*, das dem säkularen Rechtsstaat normativ zugrunde liegt, seine kritische Funktion einbüßen. Das Ergebnis wäre der Rückfall in eine neue Variante staatlicher Toleranzpolitik, die über die Figur der zu schützenden »kulturellen Voraussetzungen« des säkularen Staates »kulturell fremden« Menschen die gleichberechtigte Partizipation streitig machen würde.[44] Die

delnden religiösen Selbstverständnissen in der Gesellschaft gerecht werden. Vgl. dazu Müller-Volbehr, Das Grundrecht der Religionsfreiheit ..., a.a.O., S. 302.

44 Um die religiös-kulturellen Grundlagen der säkularen Rechtsordnung zu wahren, plädiert *Pannenberg* dafür, die Beziehung von Staat und Religion auf der Basis einer spezifisch christlichen Toleranzkultur neu zu definieren. In bewusster Abgrenzung zu einer *prinzipiellen* Anerkennung des modernen religiösen und weltanschaulichen Pluralismus insistiert er darauf, dass die politische Toleranz des demokratischen Verfassungsstaates ihr kulturelles Zentrum im christlichen Glauben habe, der somit für die politische Kultur des säkularen Rechtsstaates im Ganzen tragend bleiben müsse. Mit seinem Plädoyer für Toleranz verbindet Pannenberg da-

kulturalistische Vereinnahmung des säkularen Rechtsstaats liefe somit, konsequent durchgeführt, letztlich auf die Aufhebung des Säkularitätsbegriffs als eines kritisch-normativen Prinzips hinaus.

her die Verteidigung der christlichen Grundlagen als der geistig-kulturellen *Basis* politischer Toleranz, wenn er (Civil Religion?, a.a.O., S. 74) betont: »Allerdings handelt es sich dabei um ein bestimmtes – nämlich das christliche – Glaubensbekenntnis, das solche Toleranz ermöglicht. Das ist eine andere Grundlage als die öffentliche Gleichgültigkeit gegenüber der Religion überhaupt und darum auch gegenüber den Unterschieden des religiösen Bekenntnisses.«

IV Muslimische Stimmen zum säkularen Rechtsstaat

1. Spezifisch »muslimische« Positionen?

Nach der normativen Bestimmung der rechtsstaatlichen Säkularität und nach der Auseinandersetzung mit anti-liberalen Konzepten von Säkularität sollen nun muslimische Positionierungen zum säkularen Staat und Recht diskutiert werden. Zunächst stellt sich aber die Frage, was unter einer muslimischen Position zu verstehen ist. Sollen alle Aussagen, die Muslime zu Politik, Staat und Gesellschaft machen, als »muslimische« Stellungnahmen gewertet werden? Oder ist eine solche Qualifizierung nur dann angebracht, wenn ein expliziter Rückbezug auf islamische Quellen oder auf muslimisches Selbstverständnis vorliegt? Beide Alternativen sind problematisch. Im ersten Fall besteht die Gefahr essentialistischer Außenetikettierungen. Viele Muslime dürften es jedoch befremdlich finden, wenn man ihre – wie immer im Einzelnen begründeten – Aussagen zu Staat und Recht von vornherein als authentisch muslimische Stellungnahmen verbuchen würde. Sowenig die meisten Christen, wenn sie sich zu einschlägigen Themen äußern, damit schon per se eine spezifisch christliche Position zu formulieren beanspruchen, sowenig kann man Muslimen generell unterstellen, dass sie ihre Äußerungen stets als genuin islamisch verstanden wissen wollen; alles andere wäre ein kulturessentialistisches Vorurteil. Konzentriert man sich hingegen – dies wäre die zweite Alternative – auf solche Aussagen, die *ausdrücklich* Bezug auf religiöses Selbstverständnis und religiöse Quellen nehmen, steht man in der Gefahr, die Diskurse muslimischer Intellektueller zu privilegieren. Eine systematische, oft deduktiv gedachte Rückbindung an die Quellen des Islams kennzeichnet vor allem den Ansatz intellektueller Islamisten, deren Selbstverständnis somit implizit den Maßstab einer »authentisch islamischen« Position abgeben würde. Alevitische Muslime, die in Fragen von Politik und Recht erfahrungsgemäß eher selten auf die Quellen der Religion rekurrieren, würden bei einem solchen Vorgehen hingegen von vornherein aus dem Blickfeld geraten. Aber auch diejenigen sunnitischen Muslime (vielleicht die Mehrheit der in Deutschland lebenden Muslime!), für deren Selbstverständnis und Lebenspraxis die Quellen der Religion faktisch nicht die einzige und allumfassende Orientierung bieten, könnten bei einer Konzentration auf ausdrücklich islamische Argumentationsmuster nicht angemessen berücksichtigt werden.

Um Außenetikettierungen zu vermeiden, habe ich mich – nolens volens – dafür entschieden, zunächst nur solche Positionierungen muslimisch zu nennen, in denen eine ausdrückliche religiöse Argumentation erkennbar ist. Dass solche im engeren Sinne des Wortes »muslimischen Stimmen« nicht repräsentativ für die Mehrheit der Muslime (nicht für ihr Denken und erst recht nicht für ihr Handeln) sein müssen, soll dabei noch einmal betont werden. Um nicht ausschließlich auf die veröffentlichten Ausführungen muslimischer Intellektueller abzustellen, füge ich sodann einige Anmerkungen zur Bedeutung sozialer Lernprozesse aus der alltäglichen Lebenswirklichkeit von Muslimen in der Diaspora hinzu. Mehr noch als für die anderen Kapitel der vorliegenden Schrift gilt für die nun vorgestellten Überlegungen, dass sie essayistischen Charakter haben. Die im Folgenden verwendeten Kategorien – Distanz, faktische Anerkennung, theologische Würdigung – haben nicht die Funktion, einzelne Positionen eindeutig zu verorten; vielmehr sollen sie nur dazu dienen, das Diskursfeld vorläufig zu strukturieren.

2. Distanzierung

Bekundungen von Distanz gegenüber dem Begriff der Säkularität von Staat und Recht begegnen im islamischen Schrifttum und im Gespräch mit Muslimen immer wieder. Dabei bleibt jedoch vielfach unklar, wogegen genau die Bedenken gerichtet sind. Zeigt sich in ihnen eine prinzipielle Ablehnung des säkularen Rechtsstaats, wie er in der Bundesrepublik Deutschland besteht? Oder ist der imaginäre Adressat der Vorbehalte die Türkei, deren ehedem kulturkämpferischer Laizismus in den staatstragenden kemalistischen Eliten teils bis heute gepflegt wird? Spricht aus polemischen Äußerungen gegen den Säkularitätsbegriff implizit die Präferenz für einen religiös gebundenen, theokratischen Staat wie die Islamische Republik Iran? Oder gilt die bekundete Distanzierung eigentlich nur einem ideologischen Säkularismus, so dass die Sache, für die der säkulare Rechtsstaat steht, gar nicht wirklich betroffen ist?

In vielen Fällen lassen sich solche Fragen schon deshalb nicht befriedigend beantworten, weil die grundlegende Differenz zwischen rechtsstaatlicher Säkularität einerseits und weltanschaulichem Säkularismus andererseits nicht deutlich genug gesehen wird. Daraus resultieren die Brüche und Schwankungen in manchen einschlägigen Äußerungen. Zusätzliche Verwirrung entsteht dadurch, dass auch die kulturalistische Verengung des Säkularitätsbegriff, wie wir sie oben kritisch erörtert haben, von manchen Muslimen gefördert wird. Mit dem Hinweis darauf, dass der säkulare Staat eine spezifisch westlich-christliche Antwort auf ein spezifisch »christliches« Problem – nämlich den politischen Klerikalismus von Papst und Bischöfen – darstelle, erwecken sie den Eindruck, als sei eine Säkularisierung des Staates im sunnitisch-islamischen Kontext historisch niemals nötig gewesen und auch heute nicht erforderlich, weil der sunnitische Islam Klerus und Priesterherrschaft nie gekannt habe. Die Debatte um die Säkularität von Staat und Recht wird auf diese Weise allerdings nicht ernsthaft geführt, sondern lediglich sophistisch unterlaufen.[1]

Die Vieldeutigkeit des Säkularitätsbegriffs bringt es mit sich, dass gelegentlich auch ausgesprochen liberale Muslime Unbehagen gegenüber diesem Konzept erkennen lassen. So distanziert sich Mohamed Talbi, seit Jahrzehnten einer der profiliertesten muslimischen Vorkämpfer der Religionsfreiheit, von säkularen Rechtsvorstellungen, in denen »unterschwellig eine Vergötzung des Menschen« anklinge.[2]

1 Vgl. zur Kritik an diesem Argument: Fuad Zakariya, »Säkularisierung – eine historische Notwendigkeit«, in: Michael Lüders (Hg.), *Der Islam im Aufbruch? Perspektiven der arabischen Welt* (München/Zürich: Piper, 1992), S. 228-245, hier S. 236: »Gewiß ist der Islam ohne Äquivalent zum Papsttum, aber es hat immer starke religiöse Machtorgane gegeben, deren Autorität gelegentlich weiter reichte als die des Staates.«

2 Mohamed Talbi, »Religionsfreiheit – Recht des Menschen oder Beru-

Eine implizite Abwertung des Säkularitätsbegriffs zeigt sich auch bei der islamisch-feministischen Autorin Riffat Hassan, wenn sie die Allgemeine Menschenrechtserklärung der Vereinten Nationen zu einem quasi-religiösen Dokument ummünzt. Obwohl »›secular‹ in terminology«, sei die Menschenrechtserklärung »more ›religious‹ in essence than many ›fatwas‹ given by Muslim and other religious authorities and agencies«.[3] Die Tatsache, dass Hassan den Stellenwert der Menschenrechtserklärung dadurch erhöhen will, dass sie ihren »säkularen« Charakter bestreitet, lässt darauf schließen, dass sie keinen affirmativen Begriff von Säkularität kennt.

Während im Gespräch mit liberalen Muslimen die Chance besteht, durch begriffliche Klärungen schließlich doch Annäherungen im Verständnis der rechtsstaatlichen Säkularität zu erreichen, wäre es naiv anzunehmen, dass alle Vorbehalte von Muslimen lediglich durch die Mehrdeutigkeit des Säkularitäts*begriffs* bedingt seien und sich auf dem Wege kategorialer Klarstellungen ausräumen ließen. Es gibt zweifellos auch eine prinzipielle Gegnerschaft in der *Sache*. Dies wird deutlich in den Stellungnahmen islamischer Fundamentalisten, die das »islamische System« als überlegene Alternative gegen den säkularen Staat ausspielen.[4] Wenn auch die Konturen des »islamischen Systems« im Einzelnen oft vage bleiben, so gilt in jedem Fall, dass die Scharia die Grundlage der staatlichen Ordnung bilden soll; ihr haben alle von Menschen gemachten Normen und Institutionen zu weichen. Insofern stellt der auf göttliches Recht gegründete islamische Staat nach An-

fung des Menschen?«, in: Schwartländer (Hg.), *Freiheit der Religion*, a.a.O., S. 242-260, hier S. 259.

3 Riffat Hassan, »On Human Rights and the Qur'anic Perspective«, in: Arlene Swidler (Hg.), *Human Rights in Religious Traditions* (New York: The Pilgrim Press, 1982), S. 51-65, hier S. 53.

4 Zur Politik des islamischen Fundamentalismus vgl. Andreas Meier, *Der politische Auftrag des Islam. Programme und Kritik zwischen Fundamentalismus und Reformen. Originalstimmen aus der islamischen Welt* (Wuppertal: Hammer, 1994), S. 169ff.

spruch und Zielsetzung der Islamisten in der Tat die Negation des säkularen Rechtsstaats dar.

Sayyid Qutb, der 1966 hingerichtete Märtyrer der ägyptischen Muslimbruderschaft, hält eine auf der islamischen Scharia basierende staatliche Ordnung jedem anderen System gegenüber für überlegen, weil in ihr jedwede menschliche Willkür ausgeschlossen sei, während in menschlicher Gesetzgebung letztlich unvermeidlich parteiische Interessen am Werke seien: »Die menschliche Gesetzgebung, so wie sie vom herrschenden Individuum, der herrschenden Familie, Klasse, Nation oder Rasse praktiziert wird, kann angesichts ihres menschlichen Ursprungs unmöglich völlig unbeeinflußt von den Wünschen und Interessen des Gesetzgebers bleiben. Wenn jedoch die von Gott offenbarte Religion das menschliche Leben beherrscht, dann wird dieser Fehler ausgeschaltet und echte, völlige und umfassende Gerechtigkeit wird erreicht – eine Gerechtigkeit, wie sie von keinem von Menschen erdachten System erzielt werden kann.«[5] Qutbs politischer Kampf gilt der »Jahiliyya«, d.h. jener heidnischen »Unwissenheit«, die im traditionellen Islam als Bezeichnung der vor-islamischen Zeit diente und die sich nach Qutb in allen nicht-islamistischen Vorstellungen manifestiert.[6] Auch der säkulare Staat, der nicht göttliches, sondern weltliches Recht zur Grundlage hat, ist nach Qutb Ausdruck der gottlosen Jahiliyya, die die Muslime mit aller Entschiedenheit bekämpfen sollen.

Islamistische Positionen lassen sich nicht immer auf den ersten Blick erkennen. Denn auch die Vertreter des Islamismus berufen sich heute in der Regel auf Menschenrechte und Demokratie, d.h. auf die mittlerweile fast schon global anerkannten Legitimationsprinzipien der politischen Moderne.[7] Gleichzeitig stellen sie diese allerdings in ei-

5 Sayyid Qutb, *Dieser Glaube. Der Islam* (Kuwait: Al Faisal Press, 1992), S. 35f.

6 Vgl. Yvonne Y. Haddad, »Sayyid Qutb: Ideologue of the Islamic Revival«, in: Joseph L. Esposito (Hg.), *Voices of Resurgent Islam* (Oxford: Oxford University Press, 1983), S. 67-98.

7 Vgl. dazu grundlegend Gudrun Krämer, *Gottes Staat als Republik. Reflexionen zeitgenössischer Muslime zu Islam, Menschenrechten und Demokratie* (Baden-Baden: Nomos, 1999).

nen exklusiv islamischen Deutungshorizont – was erhebliche konzeptionelle und inhaltliche Auswirkungen mit sich bringt. Ein Beispiel für eine ideologische Okkupierung menschenrechtlicher Begriffe bietet die »Allgemeine Islamische Menschenrechtserklärung«, die der Islamrat für Europa im Jahre 1981 vorgelegt hat. Alle dort aufgeführten Rechte werden direkt aus islamischen Quellen – Koran und Sunna – hergeleitet und außerdem unter den Vorbehalt gestellt, dass sie mit der Scharia übereinstimmen müssen.[8] Die Menschenrechte stellen nach dieser Vorstellung somit nichts Anderes als Reflexrechte von Scharia-Normen dar. Kritische Streitfragen wie die Gleichberechtigung von Frauen und Männern, die Rechte religiöser Minderheiten, das Recht zum Glaubenswechsel usw. werden in der Erklärung von 1981 und ähnlichen Dokumenten nicht offen angesprochen, geschweige denn geklärt. Abgesehen von erheblichen materialen Differenzen gegenüber den Menschenrechtsnormen der Vereinten Nationen entsteht der Eindruck, dass die genannten islamischen Menschenrechtserklärungen den Geltungsanspruch der internationalen Menschenrechtsstandards durch eine alternative Konzeption mit exklusiv religiöser Begründung konterkarieren sollen.[9]

Auch den im islamistischen Schrifttum propagierten Vorstellungen von Demokratie ist von vornherein eine polemische Stoßrichtung gegen den säkularen Staat und die säkularen Demokratiekonzeptionen eigen. So plädiert Abul A'la Maududi, ein Vierteljahrhundert nach seinem Tod längst ein Klassiker des Islamismus, für eine islamische »Theo-Demokratie«, in der die Gemeinschaft der Gläubigen im Sinne eines kollektiven Kalifats die Weisungen der Scharia politisch zur Geltung bringen soll.[10] Zwar soll auch die Theo-Demokratie, wie schon der Begriff andeutet, eine demokratische Komponente haben und sich

8 Vgl. Martin Forstner, »Übersetzung und Kommentar zur ›Allgemeinen Islamischen Menschenrechtserklärung‹ des Islamrats für Europa von 1981«, in: *CIBEDO-Dokumentation* Nr. 15/16 (Juni/September 1982).

9 Zur Kritik vgl. auch Mayer, *Islam and Human Rights*, a.a.O.

10 Abul A'la Mawdudi, *The Islamic Law and Constitution* (Lahore: Islamic Publications, 3. Aufl. 1967), S. 147f.

dadurch von den mittelalterlichen Formen des autokratischen Kalifats unterscheiden; sie bleibt jedoch eine Demokratie primär der Muslime. Zumindest die politischen Schlüsselfunktionen des Staates müssen nach Maududi den Muslimen vorbehalten bleiben, weil nur sie die – von Gott vorgegebenen und deshalb jeder diskursiven Infragestellung entzogenen – religiös-normativen Grundlagen der Verfassung verstehen und konsequent verwirklichen können.[11] Gegenüber der säkularen Demokratie – für Maududi ein nur »westliches« Modell, das er mit menschlicher Willkür und Selbstüberhebung gleichsetzt – stellt die kalifatische Theo-Demokratie eine totale Alternative dar. So schreibt er: »Was natürlich die islamische Demokratie von der westlichen Demokratie unterscheidet, ist, daß die westliche auf dem Konzept der Herrschaft des Volkes begründet ist, während die islamische auf dem Grundsatz des Kalifats des Volkes basiert. In der westlichen säkularen Demokratie sind die Menschen die Herrscher; im Islam ruht die Herrschaftsgewalt bei Gott und die Menschen sind Seine Kalifen oder Statthalter. In der westlichen Demokratie erlassen die Menschen ihre eigenen Gesetze, in der islamischen müssen sie den von Gott durch Seinen Propheten erlassenen Gesetzen folgen und gehorchen.«[12]

Die Schriften von Maududi und Sayyid Qutb sind in zahlreiche Sprachen übersetzt worden und werden weltweit vertrieben. Sie dürften auch unter den in Deutschland lebenden Muslimen weit verbreitet sein, gibt es doch kaum einen Büchertisch islamischer Studentengruppen, an denen sie nicht zum Verkauf ausliegen. Es ist zu vermuten, dass derartiges islamistisches Gedankengut dazu beiträgt, eine ablehnende Haltung gegenüber der Säkularität von Staat und Recht zu fördern. Ob und wieweit die ideologische Distanzierung gegenüber dem säkularen Rechtsstaat auch zu verfassungsfeindlichen *Aktivitäten* führt, die ggf. staatliche Gegenmaßnahmen erfordern, ist damit jedoch noch nicht ausgemacht.

11 Vgl. ebd., S. 295ff.

12 Abul A'la Maududi, *Islamische Lebensweise* (Beirut: The Holy Koran Publishing House, 1983), S. 62f.

3. Faktische Anerkennung

Der Islamismus, der in der Linie von Qutb und Maududi aus der Scharia ein allumfassendes und rigides »System« macht, stellt – als eine *moderne* Form religiös-politischer Heilsideologie[13] – gegenüber traditionellen Ausprägungen der Scharia in mancher Hinsicht ein Novum dar. Denn anders als im islamistischen Kontext ist die Scharia, wie sie in den klassischen Rechtsschulen entwickelt und gepflegt wurde, durch ein hohes Maß an Pragmatismus und Flexibilität charakterisiert.[14] Von Anfang an mussten die islamischen Rechtsgelehrten mit der Tatsache zurechtkommen, dass – ungeachtet des prinzipiell festgehaltenen Vorrangs der Scharia – rechtliche Elemente und Institutionen nicht-religiöser Herkunft in den islamischen Gesellschaften eine nicht selten entscheidende Rolle spielten.[15] Man versuchte die daraus resultierende Spannung einerseits dadurch aufzulösen, dass man nicht-islamische Rechtselemente gewissermaßen »islamisierte«, zum Beispiel unter Zuhilfenahme subsidiärer Rechtsprinzipien wie des Gemeinwohls (Maslaha). Andererseits wurden Gebote der Scharia dadurch partiell suspendiert, dass man ihre vollständige Geltung auf eine ideale muslimische Gemeinschaft – die Gemeinde des Propheten in Medina – beschränkte und somit der Kontingenz des menschlichen Lebens und der gesellschaftlichen Verhältnisse Rechnung trug. Trotz des Widerstands puristischer Rechtsgelehrte entwickelte sich so eine Tradi-

13 Zur partiellen Modernität des islamischen Fundamentalismus im Unterschied zum traditionellen, volkstümlichen Islam vgl. Al-Azmeh, *Die Islamisierung des Islam*, a.a.O., S. 74f.; Tezcan, *Religiöse Strategien der »machbaren« Gesellschaft*, a.a.O., S. 125ff.

14 Vgl. dazu Rohe, *Der Islam – Alltagskonflikte* ..., a.a.O., S. 28ff.

15 Vgl. Baber Johansen, »Staat, Recht und Religion im sunnitischen Islam. Können Muslime einen religionsneutralen Staat akzeptieren?«, in: *Essener Gespräche zum Thema Staat und Kirche*, Heft 20 (1986), S. 12-60 (einschließlich der Diskussion des Referates).

tion des flexiblen und pragmatischen Umgangs mit den Weisungen der Scharia.[16] Im Übrigen konnte man sich dabei auch auf den Koran berufen, heißt es doch in Sura 2,185: »Gott will für euch Erleichterung. Er will für euch nicht Erschwernis [...].«

Für die Situation der islamischen Diaspora haben die meisten Rechtsschulen zusätzliche Spielräume konzediert.[17] Zwar hielten sie daran fest, dass ein Leben außerhalb einer islamischen Gesellschaftsordnung in religiöser Hinsicht eigentlich nicht wünschenswert und nur als Provisorium akzeptabel sei. Gleichwohl haben sie Wege gefunden, sich unter Berufung auf die Quellen der Scharia auch mit einer solchen Situation zu arrangieren. Vor allem die Lehre der größten sunnitischen Rechtsschule, der hanefitischen Schule, gibt entsprechenden Überlegungen viel Raum. Demnach sollen Muslime in der Diaspora die bestehende (d.h. nicht-islamische) Rechtsordnung respektieren, sofern sie in ihr Rechtsschutz genießen und ihren Glauben praktizieren können.

Weil schon die klassischen Scharia-Schulen teilweise selbst die Möglichkeit eines pragmatischen Dispenses bestimmter Scharia-Normen zugunsten der Akzeptanz der lokalen Rechtsordnung vorgesehen haben, wäre es voreilig, hinter jeder Berufung auf die Scharia gleich eine verfassungsfeindliche Antithese zum säkularen Rechtsstaat zu vermuten. Oft ist das Gegenteil der Fall: In Debatten kann man erleben, dass Muslime sich in einem Atemzug sowohl zur Scharia als auch zum Grundgesetz bekennen und die Loyalität zum Grundgesetz

16 Vgl. Joseph Schacht, *An Introduction to Islamic Law* (Oxford: Clarendon Press, 1964), S. 84: »As long as the sacred Law received formal recognition as a religious ideal, it did not insist on being fully applied in practice.«

17 Zum Folgenden vgl. Adel Theodor Khoury, *Islamische Minderheiten in der Diaspora* (Mainz: Grünewald/München: Kaiser, 1985), S. 71ff.; Johansen, Staat, Recht und Religion im sunnitischen Islam, a.a.O.; Khaled Abou El Fadl, »Legal Debates on Muslim Minorities. Between Rejection and Accomodation«, in: *Journal of Religious Ethics* 22 (1994), S. 127-162, bes. S. 148ff.

geradezu als einen Akt des Gehorsams gegenüber der Scharia begreifen. Damit bleiben zwar wichtige konzeptionelle Fragen im Verhältnis von religiösem und weltlichem Recht ungeklärt; und man mag mit guten Gründen bezweifeln, dass das Prinzip der Säkularität von Staat und Recht auf diese Weise überhaupt in den Blick kommt. Dennoch sollte man – bis zum Beweis des Gegenteils – davon ausgehen, dass die Bekundung faktischer Loyalität gegenüber der Verfassungsordnung ernst gemeint ist.[18] Dass trotz bleibender Differenzen im Verständnis von Staat und Recht eine zumindest pragmatische Anerkennung des positiven säkularen Rechts möglich ist, liegt nämlich durchaus in der Linie bereits der traditionellen islamischen Rechtsschulen.[19]

Ein aktuelles Beispiel für die faktische Anerkennung des säkularen Rechtsstaats bietet die »Islamische Charta«, die der Zentralrat der Muslime in Deutschland[20] – einer der islamischen Spitzenvereinigungen

18 Vgl. auch Rohe, *Der Islam – Alltagskonflikte* ..., a.a.O., S. 96f., der sich gegen den vielfach pauschal geäußerten Verdacht ausspricht, die Muslime würden grundsätzlich eine »Verstellung« (Taqiya) praktizieren.

19 Vgl. Adel Theodor Khoury/Ludwig Hagemann, »Dürfen Muslime auf Dauer in einem nicht-islamischen Land leben?«, in: Ludwig Hagemann/Reiner Albert (Hg.), *Dialog in der Sackgasse? Christen und Muslime zwischen Annäherung und Abschottung* (Würzburg: Echter, 1998), S. 93-105, hier S. 104: »Trotz der Vielzahl noch zu klärender Fragen brauchen sich die Muslime in Ländern der westlichen Welt nicht in eine ablehnende und verschlossene Haltung zu begeben, die ihnen jede Chance für die Entfaltung ihres Glaubens versperren würde. [...] Die Muslime müßten sich die Flexibilität, die im Koran, in der Überlieferung des Propheten Muhammad und im islamischen Rechtssystem zu finden ist, selbst zunutze machen.«

20 Zu den islamischen Verbänden in Deutschland vgl. den jüngsten Überblick bei Thomas Lemmen, »Aktuelle Entwicklungen innerhalb der islamischen Organisationen in Deutschland«, in: Andreas Renz/Stephan Leimgruber (Hg.), *Lernprozesse Christen Muslime. Gesellschaftliche Kontexte – Theologische Grundlagen – Begegnungsfelder* (Münster: LIT, 2002), S. 73-88.

– im Februar 2002 vorgelegt hat.[21] Obwohl der Begriff Scharia (ein in der öffentlichen Debatte außerordentlich negativ besetzter Begriff) in der Charta nicht expressis verbis vorkommt, ist klar, dass die Scharia die religionsrechtliche Basis der Argumentation darstellt. Deutlich wird dies vor allem in Artikel 10 der Charta, der besagt: »Muslime dürfen sich in jedem beliebigen Land aufhalten, solange sie ihren religiösen Hauptpflichten nachkommen können. *Das islamische Recht verpflichtet Muslime in der Diaspora, sich grundsätzlich an die lokale Rechtsordnung zu halten.* In diesem Sinne gelten Visumserteilung, Aufenthaltsgenehmigung und Einbürgerung als Verträge, die von der muslimischen Minderheit einzuhalten sind.« (Hervorhebung von mir, H.B.) In der ausdrücklichen Bezugnahme auf die Situation der muslimischen Diaspora steckt unverkennbar ein Moment der Distanzierung: Offenkundig geht es in der Charta nicht um eine *prinzipielle* Würdigung der Säkularität von Staat und Recht, sondern um einen *modus vivendi* mit der positiv geltenden »lokalen Rechtsordnung«, der in den Metaphern einer Vertragsregelung gedacht wird. Die auf diese Weise ausgesprochene Akzeptanz der säkularen Rechtsordnung erstreckt sich immerhin auch auf solche Rechtsbereiche, die einen Kernbestand der sozialen Scharia-Normen ausmachen, nämlich das Ehe-, Familien- und Erbrecht, das in den meisten islamisch geprägten Staaten auch heute noch rechtlich wirksam ist. In Artikel 13 findet sich die Klarstellung: »Das Gebot des islamischen Rechts, die jeweilige lokale Rechtsordnung anzuerkennen, schließt die Anerkennung des deutschen Ehe-, Erb- und Prozessrechts ein.« Die Charta folgt hier also offenbar der Vorstellung, dass im Namen des islamischen Rechts partieller Dispens von islamrechtlichen Normen erteilt werden kann – wenn auch beschränkt auf die Situation der Diaspora.[22]

21 Zu beziehen ist die Islamische Charta beim Zentralrat der Muslime in Deutschland (ZMD, Postfach 12 24, D-52232 Eschweiler); sie ist auch im Internet verfügbar.

22 Der Vorsitzende des Zentralrats der Muslime in Deutschland, Nadeem Elyas, hat in öffentlichen Debatten die Akzeptanz der säkularen Verfassungsordnung wiederholt auf die islamische Diaspora bezogen, d.h. auf

Die Islamische Charta enthält einige irritierende Formulierungen.[23] So ist das in Artikel 13 ausgesprochene Bekenntnis zu den Menschenrechten[24] mit einem doppelten – materialen und formalen – Vorbehalt versehen. Zum einen bleibt es beschränkt auf einen nicht näher definierten »Kernbestand« der Menschenrechte. Zum anderen wird die Menschenrechtserklärung mit dem Adjektiv »westlich« versehen. Sofern dabei (wie man vermuten darf) die Allgemeine Menschenrechtserklärung der Vereinten Nationen von 1948 gemeint ist, legt deren Qualifikation als »westliches« Dokument den Eindruck nahe, dass ihr Geltungsanspruch als für Muslime nicht unmittelbar verbindlich angesehen wird. Einen klaren Schritt über die Grenzen des klassischen islamischen Toleranzkonzepts hinaus enthält hingegen Artikel 11; im Rahmen eines Bekenntnis zur Religionsfreiheit bejaht er auch das Recht, »die Religion zu wechseln, eine andere oder gar keine Religion zu haben«.

»Spitzfindig formuliert« ist, wie Johannes Kandel kritisch vermerkt,[25] der für unseren Zusammenhang entscheidende Artikel 12, in dem das Verhältnis von Staat und Religionsgemeinschaften mit folgenden Worten umschrieben wird: »Wir zielen nicht auf die Herstellung eines klerikalen ›Gottesstaates‹ ab. Vielmehr begrüßen wir das

eine Situation, in der Muslime in der Minderheit sind. Vgl. z.B. Nadeem Elyas, »Integration ist keine Einbahnstraße«, in: Kai Hafez/Udo Steinbach (Hg.), *Juden und Muslime in Deutschland. Minderheitendialog als Zukunftsaufgabe* (Hamburg: Deutsches Orient-Institut, 1999), S. 16-20, hier S. 19: »Nur in einer islamischen Mehrheitsgesellschaft kann ein islamischer Staat als Form gewählt werden. Für islamische Minderheiten ist ein säkularer Staat aber eine akzeptierte Staatsform, solange die Religionsfreiheit gewährleistet ist.«

23 Vgl. dazu den Kommentar von Johannes Kandel, *Die Islamische Charta. Fragen und Anmerkungen* (veröffentlicht von der Friedrich-Ebert-Stiftung in Berlin, 2002).

24 »Zwischen den im Koran verankerten, von Gott gewährten Individualrechten und dem Kernbestand der westlichen Menschenrechtserklärung besteht kein Widerspruch.«

25 Kandel, *Die Islamische Charta*, a.a.O., S. 5.

System der Bundesrepublik Deutschland, in dem Staat und Religion harmonisch aufeinander bezogen sind.« Abgesehen davon, dass der vage Verweis auf die »harmonische« Beziehung zwischen Staat und Religion nicht viel besagt, bleibt die Distanzierung vom »klerikalen Gottesstaat« insofern unklar, als es auch Formen einer nicht-klerikal verfassten Theokratie geben kann. Dazu zählt beispielsweise Maududis Konzept einer »Theo-Demokratie«, das dieser von den europäischen Klerikokratien ausdrücklich abgrenzt.[26] Mit der Absage der Charta an den »klerikalen Gottesstaat« bleibt demnach eine Option zugunsten anderer (d.h. nicht-klerikaler) Varianten von theokratischer Ordnung theoretisch immer noch denkbar.

Insgesamt wird man sagen müssen, dass die im Vorwort der Charta versprochene Klarheit nicht in allen wichtigen Punkten erreicht wird. Manche Formulierungen bleiben unscharf, und eine inhaltliche Auseinandersetzung mit den Prinzipien einer freiheitlichen säkularen Demokratie findet nicht statt. Eindeutig ist allerdings das Bekenntnis der Charta zur Akzeptanz der bestehenden säkularen Rechtsordnung, deren positiv-rechtliche Geltung für Muslime insofern klar bejaht wird, und zwar aus der Perspektive der islamischen Scharia.

Eine Kombination von pragmatischer Akzeptanz und theologisch motivierter Distanzierung gegenüber der säkularen Verfassungsordnung kennzeichnet auch die Position von Murad Hofmann. Dass Muslime in einem nicht-islamischen Staat leben können und Rechtsgehorsam praktizieren sollen, steht für ihn außer Frage: »Die Muslime sind weder Träumer noch Rebellen. Sie sind grundsätzlich bereit, die Rechtsordnung der Staaten zu befolgen, in denen sie als Minderheiten leben.«[27] Hofmann lässt allerdings keinen Zweifel daran, dass er am

26 Vgl. Mawdudi, *The Islamic Law and Constitution*, a.a.O., S. 147: »[...] Islamic theocracy is something altogether different from the theocracy of which Europe has had bitter experience wherein a priestly class, sharply marked off from the rest of the population, exercises unchecked domination and enforces laws of its own making in the name of God [...].«

27 Murad Wilfried Hofmann, *Der Islam im 3. Jahrtausend. Eine Religion im Aufbruch* (Kreuzlingen: Diedrichs, 2000), S. 256f.

Ideal eines auf der Scharia basierenden islamischen Staatswesens festhält: »Die Muslime halten sich geschichtlich dazu verpflichtet, ein Staatswesen zu gründen (möglichst nur ein einziges), das alle Gläubigen umfasst und das Gleichheit, Gerechtigkeit, Wohlergehen, Freiheit und Würde für alle strukturell gewährleistet: das Gegenteil eines Nationalstaates in einer Welt von Nationalstaaten.«[28] Was die Verfassungsstrukturen eines solchen Staates angeht, zeigt Hofmann sich flexibel, hält aber u.a. auch eine islamische »Theo-Demokratie« im Sinne Maududis für denkbar.[29] Sein Bekenntnis zu islamisch konzipierten Menschenrechten verbindet Hofmann mit dem Hinweis, dass diese »nicht voll mit den Menschenrechtspakten der Vereinten Nationen übereinstimmen«.[30] Was dies konkret bedeutet, wird nicht näher entfaltet.

Trotz der bekundeten Bereitschaft, die positive Rechtsordnung eines säkularen Staates zu respektieren, wahrt Hofmann gegenüber dem darin verkörperten normativen Anspruch eine ausgesprochene Distanz. Hinter dem Konzept der Säkularität vermutet er entweder eine säkularistische Weltanschauung,[31] wie er sie »etwa in Form eines pseudoreligiösen Kemalismus oder eines militanten französischen Laizismus«[32] vor Augen hat. Oder aber er sieht, alternativ dazu, Täuschung und Selbsttäuschung am Werk, da die bestimmende Prägung der westlichen Staaten durch die christlichen Kirchen in der Rede von der Säkularität des Staates lediglich verdeckt werde.[33] In beiden Varianten (und eine dritte Möglichkeit ist nicht im Blick) bleibt aber für

28 Ebd, S. 112f.

29 Vgl. ebd., S. 116.

30 Ebd., S. 104.

31 Vgl ebd., S. 141.

32 Ebd., S. 111.

33 Vgl. ebd., S. 110: »Eine Analyse des westlichen Säkularismus zeigt jedoch, dass Staat und Gesellschaft, also Politik im weitesten Sinne, trotz aller Dementis weiterhin christlich geprägt sind [...]. Jeffrey Lang hält daher die Bezeichnung des Westens als ›säkular‹ für eine glatte Fehlbezeichnung.«

den Anspruch der rechtsstaatlichen Säkularität systematisch kein Raum. Während Hofmann den ideologischen Säkularismus scharf ablehnt und mit Atheismus und Werteverlust assoziiert,[34] äußert er Sympathie für die in Deutschland bestehende und auch staatskirchenrechtlich ausgestaltete Form der Kooperation von Staat und Religionsgemeinschaften. Der Islam wolle, so bekundet er, »nichts anderes als einen Staat *dieses* Zuschnitts, in dem Religion und Politik, Religion und Wirtschaft, Religion und Gesellschaft harmonisch aufeinander bezogen sind«.[35] Da der Anspruch der religiös-weltanschaulichen Neutralität des säkularen Staates in Hofmanns Konzeption indessen nicht zum Tragen kommt, entsteht der Eindruck, dass es ihm letztlich um eine (nicht näher entfaltete) islamische Variante jenes christlichen Weltanschauungsstaates geht, den er als verborgene Tiefenstruktur auch hinter der derzeit bestehenden deutschen Verfassungsordnung meint erkennen zu können.

Andere Akzente setzt Tariq Ramadan, der – gut dreißig Jahre jünger als Murad Hofmann – zu den bekanntesten Vertretern der jungen Generation intellektueller Muslime in Europa zählt.[36] Deutlicher als Hofmann betont er die positiven Chancen muslimischen Lebens in Europa[37] und fordert die Muslime auf, diese Chancen stärker als bisher zu nutzen.[38] Die in der islamischen Tradition vorgesehenen Be-

34 Vgl. ebd., S. 184f.

35 Ebd., S. 111. (Diese Formulierung ist übrigens nicht das einzige Beispiel für wörtliche Übereinstimmungen zwischen Hofmanns Buch und der Islamischen Charta des Zentralrats der Muslime in Deutschland.)

36 Vgl. Christian W. Troll, »Tariq Ramadan – Vom ›Muslim in Europa‹ zum ›europäischen Muslim‹«, in: *Iranzamin. Echo der iranischen Kultur*, XII. Jg. (Winter 1999/Frühjahr 2000), S. 127-133.

37 Tariq Ramadan, *Muslimsein in Europa. Untersuchung der islamischen Quellen im europäischen Kontext* (Köln: MSV Verlag, 2001), S. 151: »Die weit überwiegende Mehrheit der Muslime in Europa lebt in einer Atmosphäre der *Sicherheit* und des *Friedens*, was die religiösen Fragen betrifft.«

38 Ebd., S. 152: »[...] so ist doch festzustellen, dass die Möglichkeiten, die ihnen [d.h. den Muslimen, H.B.] heute in Europa für islamische Aktivitä-

zeichnungen nicht-islamischer Länder hält Ramadan für anachronistisch: Weil die Muslime im Westen ihre Religion oft besser praktizieren könnten »als in einigen sogenannten muslimischen Ländern«,[39] sei es abwegig, die Länder Europas dem »dar al-harb« (dem »Haus des Krieges«) zuzuschlagen. Sie andererseits in den »dar al-islam« (das »Haus des Islams«) einzubeziehen, hieße hingegen, das Selbstverständnis der großen Mehrheit dieser Gesellschaften zu missachten.[40] Ramadan lehnt aber auch die vermittelnde Kategorie des »dar al-'ahd« (»Haus des Vertrages«) ab, an der sich die Islamische Charta des Zentralrats der Muslime offensichtlich orientiert;[41] denn die Übertragung eines im Völkerrecht üblichen Begriffs auf die Beziehung zwischen Staat und muslimischer Bevölkerung könne zu schwer wiegenden Missverständnissen führen.[42] Stattdessen optiert er für den Begriff »dar asch-schahada« (»Haus des Bekenntnisses«). Die immer noch gelegentlich gestellte Frage, ob Muslime in einem nicht-islamischen Staat leben dürften, sei mit dieser Klarstellung eindeutig affirmativ beantwortet.[43]

Die Erlaubnis, im Westen dauerhaft zu leben, verbindet Ramadan mit der Pflicht, die bestehende Rechtsordnung anzuerkennen. Darin sieht er eine Forderung der Scharia. »Daraus ergibt sich also«, so sein Fazit, »dass die Muslime eindeutig unter Beachtung der islamischen Lehre der Scharia und des Fiqh im Westen leben können und das

ten [...] offen stehen, im Verhältnis zum tatsächlichen Engagement der Muslime und Musliminnen erstaunlich zahlreich sind.«

39 Ebd., S. 158.

40 Vgl. ebd., S. 158.

41 Vgl. den oben zitierten Artikel 10 der Islamischen Charta.

42 Vgl. Ramadan, *Muslimsein in Europa*, a.a.O., S. 160: »Der Gebrauch des gleichen Wortes ('ahd) in Bezug auf die Verträge zwischen den Ländern wie auch auf die Beziehungen der Muslime mit einem Staat (und seiner Verfassung) könnte zu einer tiefen Begriffsverwirrung führen [...].«

43 Vgl. ebd., S. 203: »Wir sind auf die Frage der richtigen Bezeichnung eingegangen und haben uns für den Namen *dar asch-schahada* entschieden, der die Erlaubnis, sich im Westen niederzulassen, einschließt.«

Recht des Landes achten müssen. Mit anderen Worten: das islamische Recht *verlangt* von der muslimischen Person, sich dem Rahmen des in seinem Aufenthaltsland geltenden Rechts im Namen des stillschweigenden Abkommens, das bereits seiner bloßen Anwesenheit zugrunde liegt, verpflichtet zu fühlen. Und mit wieder anderen Worten: die Anwendung der Scharia für einen muslimischen Bürger oder Einwohner Europas bedeutet die ausdrückliche Achtung des konstitutionellen und rechtlichen Rahmens des Landes, dessen Bürger er ist oder in dem er sich aufhält.«[44] Auch bei Tariq Ramadan dient die Berufung auf die Scharia also nicht dazu, den säkularen Rechtsstaat zu bekämpfen, sondern hat die Funktion, eine religiöse Grundlage für seine Akzeptanz bereitzustellen.

4. Theologische Würdigung

Die faktische Anerkennung des säkularen Rechtsstaats bietet eine Basis für die friedliche Koexistenz und Kooperation in der pluralistischen Gesellschaft. Mehr als diese – wie immer begründete – *faktische* Akzeptanz kann ein freiheitlicher Staat seinen Bürgern und Einwohnern nicht zwingend abverlangen. Gleichwohl müssen auf Dauer Probleme entstehen, wenn die Befolgung des positiven Rechts seitens der Bürgerinnen und Bürger nicht einhergeht mit einem Verständnis auch des *rechtsethischen Gehalts*, der den Institutionen und Normen des Rechtsstaats zugrunde liegt und an dem positives Recht und Politik zugleich immer wieder kritisch zu messen sind.

Es gibt indessen durchaus Ansätze im islamischen Denken, die Säkularität von Recht und Staat nicht nur faktisch zu respektieren, sondern auch inhaltlich zu würdigen. Schon im Jahre 1925 veröffentlichte Ali Abdarraziq ein Buch mit dem Titel »Der Islam und die Grundlagen der Macht«,[45] in dem er mit islamischen Argumenten die

44 Ebd., S. 211.

45 Ich beziehe mich im Folgenden auf die französische Übersetzung: Ali Abdarraziq, »L'Islam et les bases du pouvoir«, in zwei Teilen erschienen

Säkularität des Staates fordert. Konkreter Auslöser für seine Überlegungen war die Abschaffung des Kalifats durch Mustafa Kemal Atatürk im Jahre 1924. Obwohl die Absetzung des letzten Kalifen ein machtpolitischer Akt und keine religiöse Reformmaßnahme war, sieht Abdarraziq in der Überwindung des Kalifats eine Chance für den Islam. Denn der Anspruch der Kalifen, ein göttlich begründetes Herrschaftsamt auszuüben oder gar als »Schatten Gottes auf Erden« zu fungieren, bedeute nichts Anderes als abergläubischen Bilderkult.[46] Dieser aber sei unvereinbar mit dem strengen Monotheismus, wie ihn der Koran verkünde.[47] Außerdem verweist Abdarraziq darauf, dass der Koran keine detaillierten Anweisungen zur Staatsführung enthält.[48] Die koranische Offenbarung als ein staatspolitisch maßgebendes Gesetzbuch zu lesen, sei daher nicht nur sinnlos, sondern stehe im Widerspruch zu Geist und Buchstaben des Korans, ja laufe zuletzt auf die Leugnung des koranischen Anspruchs auf die Endgültigkeit und Abgeschlossenheit der Offenbarung hinaus. Deshalb fordert Abdarraziq, zwischen der prophetischen Mission Muhammads und seiner Rolle als politischer Gemeindeleiter in Medina strikt zu unterscheiden. Nur in seiner Prophetenrolle, nicht aber als politischer Führer, könne Muhammad religiöse Autorität beanspruchen. Alles andere sei Blasphemie, weil der religiöse Charakter von Offenbarung und Prophetie durch Verquickung mit einem staatspolitischen Modell implizit geleugnet werde.[49]

in: *Révue des Études Islamiques*, Bd. VII (1933), S. 353-391 und Bd. VIII (1934), S. 163-222. Vgl. zu Abdarraziq auch Rotraud Wielandt, *Offenbarung und Geschichte im Denken moderner Muslime* (Wiesbaden: Steiner, 1971), S. 95ff.

46 So Abdarraziq, *L'Islam et les bases du pouvoir*, a.a.O., Teil 1, S. 391.

47 Vgl. ebd., Teil 2, S. 220f.

48 Vgl. ebd., Teil 2, S. 198.

49 Vgl. ebd., Teil 2, S. 206f.: »Ce serait blasphémer que de penser autrement. Le Prophète ne quitta cette terre qu'après avoir accompli entièrement la mission qu'Allah lui avait confiée et après avoir expliqué à sa nation les preceptes de la religion entière sans en rien laisser dans le vague ou l'equivoque. Comment, dès lors, si son oeuvre avait comporté la

In der Tradition Abdarraziqs stehen heute beispielsweise seine ägyptischen Landsmänner Muhammad Said al-Ashmawy, Nasr Hamid Abu Zaid und Fuad Zakariya, die mit unterschiedlichen Akzenten die Säkularität von Recht und Staat aus islamischer Sicht vertreten. So wendet sich al-Ashmawy gegen jedwede Sakralisierung staatlicher Politik, die sowohl für die Politik als auch für die Religion verheerende Konsequenzen haben müsse.[50] Denn, wie die Erfahrung lehre, münde die durch Sakralisierung gegen kritische Infragestellung immunisierte politische Herrschaft nicht selten in Despotie. Gleichzeitig verkomme die Religion auf diese Weise zum Instrument machtpolitischer Absichten.

Abu Zaid weist in seiner Kritik des herrschenden religiösen Diskurses die taktisch motivierte Vermischung zweier unterschiedlicher Ebene hin: Die in der modernen Säkularität angelegte institutionelle Trennung von Staat und Religionsgemeinschaften werde von Konservativen und Islamisten fälschlich mit einer Abtrennung des Glaubens vom Leben und von der Gesellschaft gleichgesetzt.[51] Dagegen stellt Abu Zaid ein Verständnis von Säkularität, das »nicht gegen die Religion, sondern gegen die Herrschaft der Religion über alle Bereiche«[52] gerichtet ist und konkret die politische Macht der Theologen beschränken soll. Mit der Forderung nach Säkularisierung des staatlichen Rechts will Abu Zaid die Religion nicht aus der Öffentlichkeit verdrängen, sondern den religiösen Diskurs aus dem Klammergriff politischer Institutionen und Ideologien befreien und damit überhaupt erst *als einen freien Diskurs* etablieren.

création d'un État, aurait-il pu laisser les Musulmans sans aucune précision sur ce qui concernait cet État [...]?«

50 Vgl. Muhammad Said al-Ashmawy, *L'islamisme contre l'islam* (Paris: La Découverte, 1989), S. 11, 34, 85 u.ö. Zu Ashmawy vgl. Krämer, *Gottes Staat als Republik*, a.a.O. S. 65ff.

51 Vgl. Nasr Hamid Abu Zaid, *Islam und Politik. Kritik des religiösen Diskurses* (Frankfurt a.M.: dipa-Verlag, 1996), S. 26f.

52 Abu Zaid, »Die Befreiung des Korans« (Interview-Gespräch mit Navid Kermani), in: ders., *Islam und Politik*, a.a.O., S. 191-213, hier S. 207.

Ein ähnliches Verständnis von Säkularität vertritt auch Fuad Zakariya. Er entlarvt die von Islamisten wie Maududi und Qutb beschworene Antithetik von göttlichem und menschlichem Recht als eine ideologische Scheinalternative. Denn auch diejenigen, die göttliches Recht für sich und ihre Position in Anspruch nehmen, bleiben fehlbare Menschen, die sich allerdings weigern, ihre Fehlbarkeit offen einzugestehen und ihre politischen Vorschläge demokratischer Kritik zu unterwerfen – daher der autoritäre Grundzug des Islamismus. Dagegen versteht Zakariya die moderne Säkularität als ein politisches Ordnungsprinzip, das der Fehlbarkeit des Menschen gerecht wird und das Attribut der Unfehlbarkeit allein Gott überlässt: »Die Säkularisierung weigert sich, aus dem Menschen einen Gott zu machen oder ein unfehlbares Wesen. Gleichzeitig erkennt sie die Grenzen menschlicher Vernunft und weiß um die Unzulänglichkeit politischer und sozialer Systeme.«[53]

Die derzeit wohl dramatischsten Auseinandersetzungen um die Säkularität von Staat und Recht finden unterdessen in der Islamischen Republik Iran statt. Es gehört zu den paradoxen Erfahrungen der jüngsten Geschichte Irans, dass gerade der »Gottesstaat« dazu geführt hat, die Autorität der Religion und ihrer theologischen Vertreter in den Augen vieler Menschen zu schwächen. Neben dem Freiheitsanspruch der Menschen, die sich gegen Bevormundungen durch staatliche oder selbsternannte religiöse Wächterorganisationen immer offener zur Wehr setzen, sind daher auch theologische Motive zu Faktoren einer breiten Reformbewegungen geworden, die nach politischen, philosophischen und theologischen Auswegen aus dem offenkundig gescheiterten theokratischen Projekt suchen.[54] Wie die iranische Revolution der späten 1970er Jahre eine Fanalwirkung weit über Iran und den schiitischen Zweig des Islams hinaus hatte, so ist zu vermuten, dass auch die Auseinandersetzung mit ihren Aporien intellektuelle Impulse geben wird, die weit über den Kreis der Schia hinaus reichen werden.

53 Zakariya, Säkularisierung, a.a.O., hier S. 243.

54 Vgl. Kermani, *Iran. Die Revolution der Kinder*, a.a.O., S. 43ff.

Während die öffentliche Artikulation säkularer Staatskonzepte in manchen islamisch geprägten Ländern als Anschlag auf die religiöskulturellen Grundlagen des Zusammenlebens verstanden wird und deshalb buchstäblich lebensgefährlich sein kann,[55] repräsentiert der kürzlich verstorbene Bosnier Smail Balic eine liberale Ausprägung des Islams, die in der muslimischen Bevölkerung seiner Heimat Tradition hat. Balic sieht in der von den Islamisten beschworenen Einheit von Religion und Staat (»din wa dawla«) eine durch die Quellen des Islams nicht gedeckte ideologische Konstruktion, die für den Glauben der Muslime schädlich sei, weil sie die religiöse Praxis Kriterien programmatischer Machbarkeit ausliefere: »Das Schlagwort, der Islam sei Religion und Staat in einem, bedroht den Fortbestand der Frömmigkeit und verdeckt die Eschatologie.«[56] Dagegen formuliert er »Ansätze einer Theologie für die säkulare Umwelt«,[57] von denen er sich verspricht, dass sie der muslimischen Glaubenspraxis in einer modernen pluralistischen Gesellschaft förderlich seien.

Im Anschluss an Smail Balic plädiert auch der seit langem in Deutschland lebende muslimische Soziologe Fuad Kandil für eine »Religiosität in der Säkularität«.[58] Dabei legt er Wert auf die Feststellung,

55 Abu Zaid wurde von einem ägyptischen Gericht als Abtrünniger bezeichnet – mit der Folge der rechtlichen Zwangsauflösung seine Ehe. Das Ehepaar lebt heute in den Niederlanden. Der ägyptische Autor Faraj Foda, bekannt wegen seines Eintretens für eine Säkularisierung von Staat und Recht, wurde im Jahre 1992 ermordet. Der schiitische Theologe Yousefi Eshkevari, der im April 2000 auf der Berliner Iran-Konferenz der Heinrich-Böll-Stiftung für eine institutionelle Entflechtung von Staat und Religion plädierte, wurde bei seiner Rückkehr in Teheran verhaftet und – wie auch andere Teilnehmerinnen und Teilnehmer der Konferenz – zu einer mehrjährigen Freiheitsstrafe verurteilt.

56 Smail Balic, *Islam für Europa. Neue Perspektiven einer alten Religion* (Köln u.a.: Böhlau, 2001), S. 47.

57 Ebd., S. 48f.

58 Fuad Kandil, »Muslime in der säkularen Gesellschaft«, in: Renz/Leimgruber (Hg.), *Lernprozess Christen Muslime*, a.a.O., S. 29-43, hier S. 36.

dass die Anerkennung der staatlichen Säkularität nicht mit einer Privatisierung der Religion gleichgesetzt werden dürfe: »Diejenigen Muslime, die gegen die Säkularität (›Ilmaniyya‹) heftigst zu Felde ziehen, verkennen, dass eine saubere Trennung von Staat und Religion keineswegs bedeutet, dass Religion und ihre ideellen Leitorientierungen und Wertvorstellungen für Politik und Gesellschaft keine Relevanz haben oder haben können. Sie kann weiterhin – so auch der Islam in einer solchen Gesellschaft – die Aufgabe übernehmen, für Politik und Gesellschaft grundlegende Maximen zu stellen, die als Leitvorstellungen für konkretes politisches und soziales Handeln dienen.«[59]

5. Lebenspraktische Eingewöhnung

Die Darstellung einiger typischer muslimischer Positionen zum säkularen Staat und Recht hatte zum Ziel, den Facettenreichtum der innerislamischen Diskussion exemplarisch zu illustrieren. Es gibt eben nicht nur *eine* genuin islamische Grundhaltung zu den anstehenden Fragen, an der gemessen andere muslimische Positionierungen von vornherein als »Abweichungen« konzeptionell marginalisiert werden könnten. Weder wäre es angemessen, liberal-islamische Ansätze mit dem Stigma minderer Authentizität zu belegen; noch lassen sich umgekehrt die fundamentalistischen Richtungen als bloß äußerliche »Instrumentalisierung« der islamischen Religion abtun. Vielmehr sind sämtliche hier aufgeführten Positionen – von der (ggf. kämpferischen) Ablehnung des säkularen Rechtsstaats über verschiedene Formen eines pragmatischen Arrangements bis hin zu islamisch begründeten Säkularitätsforderungen – *gleichermaßen* als muslimische Denk- und Handlungsoptionen ernst zu nehmen. Alles andere hieße, entweder einem kulturessentialistischen Konzept des »wahren Islams« zu verfallen oder eine Entscheidungskompetenz in der innerislamischen Kontroverse in Anspruch zu nehmen, die die Muslime nur untereinander austragen können.

59 Ebd., S. 41.

Die Frage, wie weit die jeweiligen Positionen in der muslimischen Bevölkerung (global oder in einem bestimmten Land) quantitativ verbreitet sind, lässt sich derzeit kaum präzise beantworten. Auch im Blick auf die in Deutschland lebenden muslimischen Minderheiten gibt es diesbezüglich keine umfassenden Studien. Die Bundesregierung geht in ihrer Antwort auf eine Große Anfrage der Fraktion der CDU/CSU davon aus, »dass die Mehrheit der in Deutschland lebenden Muslime die grundgesetzliche Ordnung und damit die Trennung von weltlichem Recht und religiös begründeten Ordnungsvorstellungen akzeptiert und ihren Glauben im Rahmen des demokratischen Staatswesens ausüben will«.[60] Diese Einschätzung wird auch von den Islamexperten des Verfassungsschutzes geteilt. »Man sollte nicht vergessen«, mahnt Herbert L. Müller vom Verfassungsschutz in Baden-Württemberg, »dass die Islamisten nur für sich sprechen und eine, wenn auch lautstarke Minderheit bilden.«[61] Einige zentrale Elemente der islamistischen Ideologie – wie die Gleichsetzung der Säkularität mit allgemeinem Werteverfall und gesellschaftlicher Unmoral – dürften indessen über den engeren Kreis der Mitglieder islamistischer Organisationen hinaus weitaus stärker verbreitet sein. Solche Ideologeme finden sich nicht nur bei Anhängern des politischen Islam, der in Deutschland vor allem von der »Islamischen Gemeinschaft Milli Görüs« (IGMG) vertreten wird,[62] sondern begegnen häufig auch im Umfeld anderer muslimischer Verbände oder beispielsweise auch bei locker vernetzten muslimischen Studentengruppen.

Eine entschiedene Bejahung des säkularen Rechtsstaats, deren Emphase gelegentlich auch in identitätspolitische Vereinnahmung über-

60 Antwort der Bundesregierung auf die Große Anfrage der Fraktion der CDU/CSU (»Islam in Deutschland«) vom 08.11.2000, *Deutscher Bundestag*, Drucksache 14/4530, S. 72f.

61 Herbert L. Müller, »Islamistische Organisationen in Deutschland im Blickfeld des Verfassungsschutzes«, in: Studienzentrum Weikersheim (Hg.), *Der fundamentalistische Islam. Wesen – Strategie – Abwehr* (Weikersheim: Studienzentrum Weikersheim e.V., 1999), S. 111-131, hier S. 130.

62 Zu Milli Görüs vgl. Tezcan, Inszenierungen kollektiver Identität, a.a.O.

gehen kann,[63] charakterisiert die innerislamische Minderheit der Aleviten.[64] Die Zahl ihrer Angehörigen in Deutschland wird zwischen 400.000 und 600.000 Menschen geschätzt.[65] Im Hintergrund stehen historische Unterdrückungserfahrungen der Aleviten, die sich nicht nur in der Türkei, sondern auch in Deutschland bis in die Gegenwart hinein auswirken.[66] Sie dürften dazu beigetragen haben, das Bewusstsein für die Bedeutung der Religionsfreiheit und des säkularen Staates zu schärfen. Dass die Aleviten sich in ihren politischen Stellungnahmen oft nicht unmittelbar auf religiöse Argumente stützen, darf kein Grund dafür sein, ihre Positionen nicht als Bestandteil des islamischen Spektrums öffentlich zur Kenntnis zu nehmen.

Auch gegenüber sunnitischen Muslimen kann nicht von vornherein unterstellt werden, dass sie ausdrückliche religiöse Begründungen als Voraussetzung für die Akzeptanz des säkularen Rechtsstaats in jedem Fall für notwendig halten. Es scheint vielmehr so zu sein, dass die meisten Sunniten, darunter auch viele eher konservativ eingestellte sunnitische Muslime, im Sinne der schon die traditionellen Rechtsschulen kennzeichnenden pragmatischen Flexibilität längst einen modus vivendi mit dem säkularen Staat und Recht gefunden haben – auch

63 So jedenfalls die Einschätzung von Krisztina Kehl-Bodrogi, vorgetragen am 18. Oktober 2002 auf der Konferenz »Facetten islamischer Welten«, organisiert vom Cornelia-Goethe-Zentrum der Universität Frankfurt a.M. (Die Beiträge dieser Konferenz werden demnächst in einem Band, herausgegeben von Ute Gerhard u.a. erscheinen.)

64 Vgl. Dursun Tan, »Aleviten in Deutschland. Zwischen Selbstethnisierung und Emanzipation«, in: Gerdien Jonker (Hg.), *Kern und Rand. Religiöse Minderheiten aus der Türkei in Deutschland* (Berlin: Verlag Das Arabische Buch, 1999), S. 65-88.

65 Vgl. Antwort der Bundesregierung auf die Große Anfrage der CDU/CSU, a.a.O., S. 8.

66 Vgl. die Einschätzung von Spuler-Stegemann, *Muslime in Deutschland*, a.a.O., S. 41: »Auch in Deutschland müssen sich die Aleviten gegen die Türken wehren, die sie zu Sunniten machen wollen (sünnilestirmek). Ohne dass dies die Öffentlichkeit bemerkt, spielen sich hier Dramen ab.«

wenn ihnen oftmals die theologische bzw. religionsrechtliche Begrifflichkeit fehlen mag, mit der sie ihr Verhältnis zum Säkularitätskonzept *prinzipiell* bestimmen könnten. Zu berücksichtigen ist in diesem Zusammenhang auch, dass die islamische Volksreligiosität zahlreiche Möglichkeiten religiöser Referenzbildung kennt, keineswegs nur die ausdrückliche reflexive Vergewisserung anhand religiöser Texte und religionsrechtlicher Normen, die bei muslimischen Intellektuellen typischerweise im Vordergrund steht.[67] Viele Muslime dürften deshalb auf die Frage nach einer »islamischen Rechtfertigung« des säkularen Staates eher mit Verwunderung reagieren – nicht anders als dies bei den meisten Christen der Fall wäre, wenn man sie mit analogen Fragen konfrontierte.

Es spricht viel für Baber Johansens Annahme, »daß Religionen, die in einer säkularisierten Staats- und Gesellschaftsform leben, dadurch angeregt werden, diejenigen Elemente ihrer religiösen Tradition zu aktivieren, die sie im Rahmen einer säkularisierten Ordnung lebens- und arbeitsfähig halten.«[68] Damit soll keineswegs ein Automatismus der Anpassung an die moderne Gesellschaft unterstellt werden, wie dies in manchen Konzepten der Modernisierungstheorie gedacht war. Genauso wenig soll behauptet werden, dass theologische Reflexionen oder religionsrechtliche Entwicklungen gegenüber der gesellschaftlichen Lebenswirklichkeit ein bloßes »Überbau«-Phänomen darstellen. Es wäre allerdings ein deduktivistisches Missverständnis, wollte man generell davon ausgehen, dass das Verhältnis von religiösem Selbstverständnis (einschließlich seiner theologischen Reflexionsform) und sozialer Lebenspraxis primär von den Quellen der Religion her bestimmt würde. Eine entscheidende Rolle spielen sicherlich auch alltägliche Erfahrun-

67 Dass die Volksreligiosität in Studien zum gegenwärtigen Islam viel zu wenig Berücksichtigung findet und vielfach konzeptionell in den »Vorhof der eigentlichen Religiosität« abgeschoben wird, bemängelt Levent Tezcan, *Das Islamische in den Studien zu Muslimen in Deutschland. Ein Literaturbericht* (noch unveröffentlichtes Manuskript).

68 Johansen, Staat, Recht und Religion im sunnitischen Islam, a.a.O., hier S. 13.

gen von Akzeptanz bzw. Diskriminierung, institutionelle Aufgabenstellungen und gesellschaftliche Eingewöhnungs- und Lernprozesse. Dazu zählen Bemühungen um die politische und neuerdings auch die gerichtliche Durchsetzung voller Religionsfreiheit, bei denen Muslime die Verfassungsprinzipien und Normen des säkularen Rechtsstaats mit wechselndem Erfolg argumentativ für sich in Anspruch nehmen. Wichtig sind nicht zuletzt auch die Lernerfahrungen im Zusammenhang der Selbstorganisation islamischen Lebens im Medium des deutschen Vereinsrechts. Während in den islamischen Mehrheitsgesellschaften (einschließlich der laizistischen Türkei!) der Staat das religiöse Leben weitgehend organisiert und kontrolliert, sind Muslime in der Diaspora dazu gezwungen, sich selbst zu organisieren. Historisch ist dies ein Novum.[69] Wolf Ahmed Aries geht davon aus, dass das deutsche Vereinsrecht »durch seine impliziten demokratischen Anforderungen« bereits wahrnehmbare Veränderungen im Vereinsleben der Muslime bewirkt hat.[70] Auch ohne vorschnellen Analogiebildungen Vorschub leisten zu wollen, darf man in diesem Zusammenhang gleichwohl daran erinnern, dass die Entstehung des Verbandskatholizismus seit dem 19. Jahrhundert erhebliche Auswirkungen auf Leben, Erscheinungsbild und internes Machtgefüge der katholischen Kirche hatte. Von daher ist es gewiss nicht abwegig zu vermuten, dass der sich aktuell in der Diaspora herausbildende »Verbandsislam« entsprechende Veränderungen im Selbstverständnis und in der gesellschaftlichen Praxis islamischer Gruppierungen mit sich bringt, die sich im Laufe der Zeit noch deutlicher bemerkbar machen werden.[71]

69 Vgl. dazu Lemmen, *Muslime in Deutschland*, a.a.O., S. 230.

70 Wolf D. Ahmed Aries, »Konfliktlinien westlicher und islamischer Kulturvorstellungen«, in: Wilhelm Heitmeyer/Rainer Dollase (Hg.), *Die bedrängte Toleranz. Ethnisch-kulturelle Konflikte, religiöse Differenzen und die Gefahren politisierter Gewalt* (Frankfurt a.M.: Suhrkamp, 1996), S. 349-359, hier S. 354.

71 So bereits die Prognose von Claus Leggewie, *Alhambra – Der Islam im Westen* (Reinbek: Rowohlt, 1993), S. 48 u.ö.

V Streitfragen zur Integration muslimischer Minderheiten

1. Grenzen der Religionsfreiheit

Die Konflikte, die in einer religiös pluralistischen Gesellschaft unvermeidlich auftreten, werfen immer wieder die Frage nach der Reichweite, aber auch nach den Grenzen der Religionsfreiheit auf: Hat der Staat die Möglichkeit, bestimmte öffentliche Manifestationen der Religionsausübung, die – wie das Glockenläuten oder der Muezzinruf – von der Nachbarschaft gelegentlich als belastend empfunden werden, nach Gesichtspunkten der Sozialverträglichkeit zu beschränken oder zu verbieten? Wie weit ist das betäubungslose Schlachten, das von vielen Menschen als Verstoß gegen den Tierschutz abgelehnt wird, von der Religionsfreiheit gedeckt? Kann sich eine muslimische Lehrerin auf das Recht auf Religionsfreiheit berufen, wenn sie im Unterricht ein Kopftuch tragen will? Ist es legitim, die Grenzen der Religionsfreiheit mit Hinweis auf die religiös-kulturelle Prägung der Mehrheitsgesellschaft unterschiedlich zu ziehen und christlichen Symbolen in der Öffentlichkeit von Staats wegen mehr Raum zu geben als den Symbolen des Islams? Da hier nicht der Ort ist, diese und ähnliche Konfliktkonstellationen und die dazu bisher ergangenen Gerichtsentscheidungen im Einzelnen zu diskutieren,[1] müssen an dieser Stelle einige prinzipielle Überlegungen genügen.

Generell gilt, dass alle Rechte – also auch die Religionsfreiheit – Grenzen haben. Denn ein unbeschränktes Recht würde die Rechtsstruktur als solche auflösen und damit zugleich sich selbst aufheben. Ein »Recht auf alles« wäre faktisch ein Recht auf nichts und für Niemanden. Es stellt sich daher die Frage, nach *welchen Kriterien* die Grenzen der Religionsfreiheit bestimmt werden sollen. Bei der Suche nach geeigneten Kriterien ist der besondere Rang der Religionsfreiheit zu berücksichtigen: Was den Geltungsumfang betrifft, stellt sie ein allge-

1 Vgl. dazu den Überblick bei Rohe, *Der Islam – Alltagskonflikte* ..., a.a.O.

meines *Menschenrecht* dar; außerdem kommt ihr der Status eines verfassungsmäßig verbürgten *Grundrechts* zu.[2]

Als Konsequenz des menschenrechtlichen Ansatzes kann es bei der Gewährleistung der Religionsfreiheit (anders als zum Beispiel beim Recht auf freie Berufsausübung) keine Abstufung nach Staatsangehörigkeit geben.[3] Die Tatsache, dass es sich bei den meisten in Deutschland lebenden Muslimen nach wie vor rechtlich um Ausländer handelt,[4] rechtfertigt deshalb keine besonderen Beschränkungen der Religionsausübungsfreiheit für Muslime. Unvereinbar mit dem Universalismus der Menschenrechte wäre auch eine gelegentlich geforderte »Reziprozitätspolitik«, wonach die volle Gewährleistung der Religionsfreiheit für hier lebende muslimische Ausländer an die Bedingung geknüpft werden sollte, dass bestehende Diskriminierungen von christlichen und anderen religiösen Minderheiten in den islamischen Staaten ausgeräumt werden.[5] Auch bei Entscheidungen über den Bau repräsentati-

2 Beide Aspekte sind nicht identisch: Es gibt international anerkannte Menschenrechte, die nicht im Grundrechtskatalog des Grundgesetzes aufgeführt sind; dazu zählen z.B. soziale Menschenrechte, zu denen sich die Bundesrepublik Deutschland durch Ratifikation des Internationalen Pakts über wirtschaftliche, soziale und kulturelle Rechte von 1966 bekannt hat. Umgekehrt enthält der Grundrechtskatalog auch Garantien, die an den Staatsbürgerstatus gebunden sind und insofern nicht unmittelbar als Menschenrechte formuliert sind; dies gilt etwa für die meisten politischen Mitbestimmungsrechte.

3 Das räumen selbst diejenigen ein, die aus politischen Gründen eine Bindung der Religionsfreiheit an die Staatsangehörigkeit für wünschenswert halten. Vgl. etwa Hillgruber, Der deutsche Kulturstaat ..., a.a.O., S. 541.

4 Nach Angaben der Bundesregierung lebten im Jahre 2000 ca. 2,8 bis 3,2 Millionen Menschen muslimischen Glaubens in Deutschland. Davon besaßen ca. 370.000 bis 450.000 die deutsche Staatsangehörigkeit. Vgl. Antwort der Bundesregierung auf die Große Anfrage der Fraktion der CDU/CSU, a.a.O., S. 5.

5 Einen solchen Gedanken formuliert – allerdings gleichsam im Irrealis der Vergangenheit – Hillgruber, Der deutsche Kulturstaat ..., a.a.O., S. 541:

ver Moscheen in Deutschland ist die Frage, ob und unter welchen Bedingungen Christen in der Türkei oder in Iran Kirchen errichten können, ohne rechtliche Relevanz (womit nicht bestritten sein soll, dass Diskriminierungen religiöser Minderheiten in islamisch geprägten Ländern ein wichtiges politisches Thema bilden). Verbindlicher Maßstab staatlichen Handelns in Deutschland bleibt in jedem Fall die Religionsfreiheit, die laut Grundgesetz allen hier lebenden Menschen zu gewährleisten ist – ganz gleich, ob es sich um Deutsche oder Ausländer handelt, und unabhängig von den politisch-rechtlichen Verhältnissen ihrer Herkunftsländer.

Aus der universalistischen Begründungsstruktur folgt außerdem, dass die Religionsfreiheit nicht nur für die Angehörigen der in Deutschland traditionell heimischen Religionsgemeinschaften gilt. Sie erstreckt sich auch auf Angehörige solcher Religionsgemeinschaften, die hierzulande als »neu« bzw. eher »fremd« angesehen werden. Die Tatsache, dass Muslime erst in den letzten Jahrzehnten im Rahmen von Migrationsbewegungen in größerer Zahl nach Deutschland gekommen sind[6] und in der altansässigen Bevölkerung nicht selten

»Rückblickend betrachtet erscheint diese Großzügigkeit [nämlich die Ausdehnung der Religionsfreiheit auf Ausländer, H.B.] problematisch, weil sie der Bundesrepublik Deutschland die Möglichkeit genommen hat, bei der Erstreckung der Gewährleistung umfassender Religionsfreiheit auf Angehörige fremder Staaten auf dem völkerrechtlichen Prinzip der Gegenseitigkeit zu bestehen. Ein solcher Vorbehalt wäre angesichts der Unduldsamkeit, die umgekehrt islamische Länder gegenüber Christen gleich welcher Nationalität an den Tag zu legen pflegen, durchaus angezeigt gewesen.« Zur Unzulässigkeit der Anwendung des völkerrechtlichen Gegenseitigkeitsprinzips auf Fragen der Religionsfreiheit vgl. dagegen Eibe H. Riedel, »Religionsfreiheit und völkerrechtliche Reziprozität«, in: Schwartländer (Hg.), *Freiheit der Religion*, a.a.O., S. 436-438.

6 Zur teils länger zurückreichenden Geschichte muslimischer Präsenz vgl. Muhammad Salim Abdullah, *Geschichte des Islams in Deutschland* (Graz/Wien: Styria, 1981). Kritisch dazu: Lemmen, *Muslime in Deutschland*, a.a.O., S. 17ff.

immer noch auf Befremden stoßen, bietet insofern keinen legitimen Grund für eine Einschränkung ihrer Religionsfreiheit. Schließlich gilt die Religionsfreiheit auch nicht nur für die Gläubigen der »großen« Religionsgemeinschaften – Judentum, Christentum, Islam, Buddhismus usw. –, sondern genauso für solche Menschen, die kleineren, vielleicht wenig bekannten Gemeinschaften angehören. Dazu zählen nicht zuletzt innerislamische Minderheiten wie die Aleviten oder die Ahmadis, aber auch nicht-islamische Gruppierungen wie die Yeziden oder die postislamische Baha'i-Religion.[7] Da der für kleinere Religionsgemeinschaften oft verwendete Begriff der »Sekte« im Deutschen einen ausgesprochen negativen Klang hat, besteht die Gefahr, dass die Rechte der Angehörigen solcher Gruppierungen nicht angemessen beachtet werden. Dabei sind gerade sie auf den Schutz der Religionsfreiheit besonders angewiesen.

Aus der menschenrechtlichen Grundlegung der Religionsfreiheit folgt somit insgesamt, dass Grenzziehungen nur *»abstrakter«* Art sein können. Speziell an Muslime adressierte staatliche Beschränkungen der Religionsausübung – sei es, dass sie am Ausländerstatus oder an »kultureller Fremdheit« ansetzen, sei es, dass sie auf Menschenrechtsverletzungen in islamisch geprägten Ländern verweisen –, wären hingegen nicht legitim.

Die Religionsfreiheit ist nicht nur Menschenrecht, sondern zugleich ein verfassungsmäßig verbürgtes *Grundrecht*. Der hohe rechtsnormative Status der Grundrechte im Grundgesetz wirkt sich dahingehend aus, dass sie »Gesetzgebung, vollziehende Gewalt und Rechtsprechung als unmittelbar geltendes Recht« binden (Art. 1 Abs. 3 GG). Um zu verhindern, dass der Gesetzgeber ein Grundrecht durch Ausführungsbestimmungen in der Praxis ganz oder teilweise wieder zurücknimmt, kennt das Grundgesetz eine Wesensgehaltsgarantie, die besagt: »In keinem Fall darf ein Grundrecht in seinem Wesensgehalt angetas-

7 Studien über die teils wenig bekannten kleineren religiösen Minderheiten, die im Rahmen der Zuwanderung aus der Türkei erst in jüngerer Zeit in Deutschland heimisch geworden sind, enthält der Sammelband von Jonker (Hg.), *Kern und Rand*, a.a.O.

tet werden« (Art. 19 Abs. 2 GG). Darüber hinaus ist der Menschenwürde-Gehalt der Grundrechte nach Artikel 79 Absatz 3 GG sogar dem Zugriff des verfassungsändernden Gesetzgebers entzogen. Durch diese Bestimmungen soll gewährleistet werden, dass die Grundrechte, wie einst Carlo Schmid gefordert hat, »das Grundgesetz regieren« und »nicht bloß Anhängsel des Grundgesetzes« sind.[8] Grenzziehungen der Religionsfreiheit sind demnach nicht in das freie Ermessen des Gesetzgebers gestellt – zumal Artikel 4 GG im Unterschied zu manchen anderen Grundrechtsverbürgungen keinen Gesetzesvorbehalt formuliert. Als Grundrecht hat die Religionsfreiheit einen höheren rechtlichen Rang als einfach-gesetzliche Normen, die für sich, wie das Bundesverfassungsgericht betont, folglich noch keinen ausreichenden Beschränkungsgrund darstellen.[9]

Gleichwohl hat auch ein Menschenrecht bzw. Grundrecht seine Grenzen, und zwar schon deshalb, weil es stets mit anderen Rechten in Zusammenhang steht und gelegentlich auch in Konflikt geraten kann.[10] Dies gilt auch für die Religionsfreiheit, die ihre »verfassungsimmanenten« Schranken an anderen Grundrechten bzw. an solchen Verfassungswerten findet, die ihr im Rang vergleichbar sind. Für den Falle

8 Zitiert nach Klaus Stern, *Das Staatsrecht der Bundesrepublik Deutschland*, Bd. III/1 (München: C.H. Beck, 1988), S. 158.

9 Vgl. BVerfGE, Bd. 32, S. 98-111, hier S. 108: »Da die Glaubensfreiheit keinen Vorbehalt für den einfachen Gesetzgeber enthält, darf sie weder durch die allgemeine Rechtsordnung noch durch eine unbestimmte Klausel relativiert werden [...].«

10 Dies gilt auch für Grundrechtsgewährleistungen ohne Gesetzesvorbehalt, bei denen gleichwohl sog. verfassungsimmanente Schranken unterstellt werden, weil eine absolut schrankenlose Vorstellung eines Grundrechts in sich widersprüchlich wäre, insofern ein solches Grundrecht zur Aushebelung anderer Grundrechte (etwa im hypothetischen Falle einer Durchführung von Menschenopfern im Namen der Religionsfreiheit) führen könnte. Zu Möglichkeiten und Grenzen der Grundrechtsbeschränkungen im deutschen Grundgesetz vgl. Robert Alexy, *Theorie der Grundrechte* (Frankfurt a.M.: Suhrkamp, 2. Aufl. 1994), S. 249ff.

kollidierender Grundrechte bzw. mit Verfassungsrang ausgestatteter Rechtsgüter gilt es, nach dem Prinzip der »praktischen Konkordanz«[11] einen Ausgleich zu finden, der beiden kollidierenden Rechtsnormen möglichst weitgehend gerecht wird – eine Forderung, die natürlich Raum für sehr unterschiedliche Einschätzungen gibt.

Unbestritten ist beispielsweise, dass das Glockenläuten bzw. der Ruf des Muezzin zumindest in solchen Grenzen gehalten werden muss, dass das Recht auf körperliche Unversehrtheit der Anwohner – und dazu zählt auch der ungestörte Nachtschlaf – gewahrt bleibt. Lärmschutzbestimmungen, die diesem Anliegen dienen, können in diesem Fall (gleichsam als Konkretisierungen eines konkurrierenden grundrechtlichen Anspruchs) der Religionsausübungsfreiheit Grenzen setzen. Da auch die allgemeine Schulpflicht Verfassungsrang hat, kann sie mit Hinweis auf die Religionsfreiheit nicht insgesamt in Frage gestellt werden; möglich sind nach der Rechtssprechung des Bundesverwaltungsgerichts lediglich partielle Befreiungen, etwa vom koedukativen Sport- oder Schwimmunterricht, sofern nur auf diese Weise ein sonst drohender Gewissenskonflikt vermieden werden kann.[12] Die seit einigen Jahren von den Verwaltungsgerichten behandelte Frage, ob eine muslimische Lehrerin im Schulunterricht ein Kopftuch tragen darf,[13] ist deshalb so kompliziert und umstritten, weil in ihr zwei Aspekte innerhalb der Religionsfreiheit – positive und negative Religionsfreiheit – in Konflikt geraten können. Eine Analogie zum »Kruzifixurteil« des Bundesverfassungsgericht von 1995 besteht aber, anders als in der öffentlichen Debatte vielfach unterstellt, insofern nicht, als die Lehrerin im Unterschied zum bayerischen Staat auch ihrerseits

11 Vgl. dazu Konrad Hesse, *Grundzüge des Verfassungsrechts der Bundesrepublik Deutschland* (Heidelberg: C.F. Müller, 20. Aufl. 1995), Rdnr. 317ff.

12 Vgl. BVerwGE, Bd. 94, S. 82-94, hier S. 89.

13 Ein diesbezügliches Ansinnen, vorgetragen von Fereschta Ludin, ist am 4. Juli 2002 vom Bundesverwaltungsgericht in dritter Instanz zurückgewiesen worden (BVerwG 2 C 21.01).

Grundrechtsträgerin ist.[14] Meines Erachtens wäre eine Beschränkung ihrer Freiheit, sich der eigenen religiösen Überzeugung gemäß im Dienst zu bekleiden, nur dann gerechtfertigt, wenn für eine Beeinträchtigung der negativen Religionsfreiheit der Schüler starke Anhaltspunkte im *tatsächlichen Verhalten* der Lehrerin gegeben sind. Eindeutig überschritten ist die Grenze der Religionsfreiheit hingegen dort, wo eine Religionsgemeinschaft interne Dissidenten oder abweichende Gruppierungen bedroht. Zwar haben Religionsgemeinschaften das Recht, ihre religiöse Identität auch durch die Abgrenzung von Anderen zu bestimmen und zu sichern; und es ist nicht Aufgabe des Staates, die aus einseitigen oder wechselseitigen Exkommunikationen resultierenden Auseinandersetzungen zu verhindern. Nicht hinnehmbar ist aber, wenn gegenüber Minderheiten – etwa gegenüber den in Pakistan massiv verfolgten Mitgliedern der Ahmadiyya-Gemeinschaft – auch in Deutschland seitens orthodoxer Sunniten organisierter Druck ausgeübt wird.[15]

Während die Berücksichtigung »verfassungsimmanenter« Grundrechtsschranken der Religionsfreiheit unumstritten ist (was Dissens über die Angemessenheit konkreter Entscheidungen im Fall kollidierender Grundrechte nicht ausschließt), werden in der Diskussion in jüngster Zeit verstärkt Positionen vorgetragen, die auf zusätzliche Einschränkungsmöglichkeiten hinauslaufen. Dies geschieht vor allem im Blick auf den sich ausweitenden religiösen Pluralismus, der neuerdings vereinzelt sogar die Forderung nach einer »wehrhaften Religionsfreiheit« hat aufkommen lassen. So schreibt Hartmut Zinser: »Es ist problematisch, wenn Religionsgemeinschaften das Grundrecht auf Religionsfreiheit in Anspruch nehmen wollen, die in ihren Lehren und in ihrem Handeln Religionsfreiheit selber ablehnen und z.B. einen Austritt verwehren. Es muss hier in Anlehnung an das Prinzip der

14 Vgl. dazu mit weiteren Hinweisen Oebbecke, Das deutsche Recht und der Islam, a.a.O., S. 312.

15 Davon berichtet Herbert L. Müller, »Islamismus als politische Bewegung in Deutschland«, in: Albert/Dettling (Hg.), *Im Schatten der Politik*, a.a.O., S. 141-175, hier S. 168.

wehrhaften Demokratie eine *wehrhafte Religionsfreiheit* gefordert werden.«[16] Dass der Staat aufgrund seiner Verantwortung für die Freiheitsrechte dann gegen Religionsgemeinschaften vorgehen muss, wenn diese durch ihr tatsächliches Handeln die Freiheitsrechte ihrer Angehörigen bzw. die Rechte Dritter beschneiden, versteht sich von selbst. Auch die Religionsfreiheit war nie ein Titel für rechtsfreie Räume. Indem Zinser nicht nur das tatsächliche Verhalten von Religionsgemeinschaften, sondern auch bereits deren *Doktrin* zum Ansatzpunkt für staatliche Beschränkungen der Religionsfreiheit erhebt, redet er jedoch einer Politik präventiver Maßnahmen gegen bestimmte Religionsgemeinschaften das Wort, die mit rechtsstaatlichen Grundsätzen kaum vereinbar sein dürfte. Nicht zuletzt richtet sich dies gegen den Islam, den Zinser pauschal von der fundamentalistischen Formel »din wa dawla« her bestimmt.[17] Es besteht daher die Gefahr, dass die »wehrhafte Religionsfreiheit« zur Ausgrenzungsformel gegen die Ansprüche von Muslimen und anderen Minderheiten auf ihre grundrechtlich garantierte Religionsfreiheit gerät.

Eine Tendenz zur Einschränkung der Religionsfreiheit speziell für Muslime ergibt sich auch aus den bereits diskutierten kulturalistischen Ansätzen, die die Religionsfreiheit in den Kontext einer spezifisch westlich-christlichen Kulturentwicklung stellen und daraus systematische Konsequenzen für die inhaltliche Konturierung des Rechts herleiten (vgl. oben, Kap. III,3). Wer der verfassungsmäßig garantierten Religionsfreiheit mit Hillgruber einen (wenn auch mit Fragezeichen versehenen) »ungeschriebenen Kulturvorbehalt«[18] auferlegt, unterminiert indessen nicht nur den universalistischen Charakter des Menschenrechts, sondern öffnet gleichzeitig Tür und Tor für eine Relativierung des positiven Verfassungsrechts durch »ungeschriebene« Gesichtspunkte aller Art. Ähnliches gilt für Isensees Ansatz, der »den christlich geprägten ethischen Horizont«[19] zum ordre public der deutschen

16 Zinser, Wehrhafte Religionsfreiheit, a.a.O., S. 80.

17 Vgl. ebd., S. 75.

18 Hillgruber, Der deutsche Kulturstaat ..., a.a.O., S. 547.

19 So Isensee, Diskussionsbeitrag, a.a.O., S. 186.

Rechtskultur stilisiert und die Interpretation der Religionsfreiheit damit einer christlichen Leitkultur unterwirft, von der im Grundgesetz nicht die Rede ist.

Nicht von vornherein auf den Islam gemünzt ist hingegen ein jüngst vor allem von Stefan Muckel vorgetragener Gedankengang, der dem Grundrecht der Religionsfreiheit einen generellen Gesetzesvorbehalt einziehen will, auch wenn der Wortlaut des Artikel 4 GG selbst keinen solchen Vorbehalt formuliert.[20] Sein Argument besagt, dass die Religionsfreiheit des Artikel 4 im Lichte der über Artikel 140 ins Grundgesetz inkorporierten Weimarer Kirchenartikel interpretiert werden müsse. Der Verfassungsgeber habe sich mit der Einbeziehung der einschlägigen Artikel der Weimarer Verfassung dafür entschieden, auch die *Einschränkung* zu übernehmen, der die Religionsfreiheit nach Maßgabe der Weimarer Verfassung unterliegt. Aus der dort zu findenden Formulierung, dass »die bürgerlichen und staatsbürgerlichen Rechte und Pflichten durch die Ausübung der Religionsfreiheit weder bedingt noch beschränkt« werden (Art. 136 Abs. 1 Weimarer Reichsverfassung), schließt Muckel auf die Existenz eines Gesetzesvorbehalts, der sich auch auf Artikel 4 GG erstrecke.[21] Die Argumentation dient erklärtermaßen dem Ziel, dem Gesetzgeber im Blick auf den neuen religiösen Pluralismus größeren Ermessensspielraum bei der Begrenzung der Religionsfreiheit zu geben, wie Muckel am Beispiel des Streits um den Muezzinruf deutlich macht.[22]

Anders als die Anhänger einer kulturalistischen Grundrechtsausle-

20 Vgl. Stefan Muckel, *Religiöse Freiheit und staatliche Letztentscheidung. Die verfassungsrechtlichen Garantien religiöser Freiheit unter veränderten gesellschaftlichen Verhältnissen* (Berlin: Duncker & Humblot, 1997), S. 196ff.

21 Vgl. Stefan Muckel, »Religionsfreiheit für Muslime in Deutschland«, in: Isensee u.a. (Hg.), *Festschrift Listl*, a.a.O., S. 239-257. Ähnlich argumentiert auch Wolfgang Bock, »Die Religionsfreiheit zwischen Skylla und Charybdis«, in: *Archiv des öffentlichen Rechts* 122 (1997), S. 444-475.

22 Vgl. Stefan Muckel, »Streit um den muslimischen Gebetsruf. Der Ruf des Muezzin im Spannungsfeld von Religionsfreiheit und einfachem Recht«, in: *Nordrhein-Westfälische Verwaltungsblätter* 12 (1998), S. 1-6.

gung rekurriert Muckel auf geschriebenes Verfassungsrecht (zu dem nach einhelliger Auffassung auch die über Artikel 140 ins Grundgesetz übernommenen einschlägigen Weimarer Bestimmungen gehören); okzidentalistische Engführungen der Religionsfreiheit, aus denen sich spezielle Beschränkungen der Religionsfreiheit für Muslime nahe legen, weist er mit Hinweis auf den zu respektierenden religiös-weltanschaulichen Pluralismus in einer freiheitlichen Gesellschaft zurück.[23] Sein Argument, dass der Verfassungsgeber mit der Inkorporierung der Weimarer Kirchenartikel die Entscheidung getroffen habe, eine aus der Weimarer Reichsverfassung übernommene Grundrechtsschranke auf die in Artikel 4 GG garantierte Religionsfreiheit zu übertragen, lässt jedoch die naheliegende Frage unbeantwortet, warum der Verfassungsgeber dann nicht gleich einen *ausdrücklichen* Gesetzesvorbehalt in Artikel 4 GG formuliert hat. Angesichts des hohen Stellenwertes der Grundrechte im Grundgesetz würde man jedenfalls erwarten, dass etwaige Beschränkungen eines Grundrechts zum einen unzweideutig formuliert und zum anderen leicht aufzufinden sein müssten. Schon die komplizierte Verweistechnik, auf die Muckel in seiner Argumentation zurückgreifen muss, lässt daher Zweifel aufkommen, ob seine Interpretation dem Wortlaut der Verfassung gerecht wird.[24]

2. Die Scharia im Rahmen des Grundgesetzes

Zwischen der islamischen Scharia und der säkularen Verfassungsordnung der Bundesrepublik gibt es grundlegende materiale und formale Differenzen. Besonders augenfällig sind die Unterschiede, wenn man

23 Vgl. ebd., S. 6.

24 Vgl. kritisch zu diesem Ansatz sowohl aus historischer wie aus systematischer Sicht auch Martin Morlok, Zu Artikel 4, in: Horst Dreier (Hg.), *Grundgesetz-Kommentar*, Bd. I. (Tübingen: Mohr Siebeck, 1996), Rdnr. 90. Morlok verweist u.a. darauf, dass der mit einem Gesetzesvorbehalt versehene Artikel zur Religionsfreiheit der Weimarer Verfassung (nämlich Artikel 135 WRV) nicht ins Grundgesetz inkorporiert worden ist.

sich an der traditionellen Gestalt der Scharia orientiert, deren Weiterentwicklung innerislamisch allerdings schon seit längerem gefordert, unternommen und kontrovers diskutiert wird. Die materialen Differenzen konzentrieren sich in den Bereichen des Geschlechterverhältnisses und der Religionsfreiheit: Bei der Regelung des Geschlechterverhältnisses unterscheidet sich die Scharia von den Prinzipien des Grundgesetzes, insofern in ihr die Vorstellung leitend ist, dass Männer und Frauen unterschiedliche Aufgaben in der Gesellschaft ausüben und von daher *unterschiedliche Rechte und Pflichten* haben.[25] Dies zeigt sich vor allem in den familien- und erbrechtlichen Bestimmungen, die einen Kernbereich der sozialen Scharia-Normen ausmachen und auch heute noch in den meisten islamisch geprägten Staaten rechtsgültig sind.[26] Was den Umgang mit religiösen Minderheiten und Dissidenten angeht, hat sich innerhalb der Scharia zwar eine Kultur der Toleranz entwickelt, die sich aber, wie bereits erörtert, von einem universalistisch, individualrechtlich und egalitär konzipierten Recht auf Religionsfreiheit wesentlich unterscheidet (vgl. oben Kap. II,2). Offenkundig in Widerspruch zu den Prinzipien des Grundgesetzes stehen auch die grausamen Körperstrafen, die in einer Minderheit der islamisch geprägten Staaten praktiziert werden, während die große Mehrheit der Rechtsordnungen islamischer Länder die Scharia-Strafen heute nicht mehr vorsieht.[27] Abgesehen von solchen »materialen« Differenzen zwischen Scharia und Grundgesetz, besteht die wesentliche »formale« Differenz darin, dass die Scharia auf *religiösen Quellen* basiert, während staatliches Recht und Verfassung in Deutschland *säkularer Natur* sind.

Die grundlegende Differenz zwischen beiden Rechtskonzeptionen

25 Vgl. Wiebke Walther, »Die Frau im Islam«, in: Peter Antes u.a., *Der Islam. Religion – Ethik – Politik* (Stuttgart: Kohlhammer, 1991), S. 98-124.

26 Vgl. Jamal J. Nasir, *The Status of Women Under Islamic Law and Under Modern Islamic Legislation* (London u.a.: Graham & Trotman, 2. Aufl. 1994).

27 Vgl. Sami A. Aldeeb Abu Sahlieh, *Les Musulmans face aux droits de l'homme. Religion & droit & politique. Étude et documents* (Bochum: Dr. Winkler, 1994), S. 65ff.

lässt sich nicht durch Formelkompromisse ausräumen. Sie bliebe auch dann erhalten, wenn man in den »materialen« Kontroversen der Menschenrechte und Frauenrechte Annäherungen erreichen sollte. Dass die Scharia kein starrer Kodex ist, dass sie Frauen in ihrer Würde und als Rechtssubjekte anerkennt, und dass sie Raum für religiösen Pluralismus bietet, gehört zu den Überzeugungen, die heute bis weit ins Lager gemäßigter Islamisten hinein von Muslimen fast durchgängig geteilt werden.[28] Doch selbst wenn es gelingen sollte, die materialen Streitfragen befriedigend zu lösen, bliebe die *formale Grunddifferenz* zwischen religiöser und säkularer Rechtskonzeption bestehen, die nicht harmonisierend überspielt werden kann. Was folgt aus dieser Feststellung für muslimische Minderheiten in einem säkularen Rechtsstaat? Heißt dies, dass sie auf die Praktizierung der Scharia generell verzichten müssen? Oder gibt es Möglichkeiten, auch im Rahmen einer säkularen staatlichen Rechtsordnung der Scharia – und sei es wenigstens in Teilbereichen – Folge zu leisten? Diese Fragen sind von erheblicher Bedeutung, da eine Loyalität gegenüber der Scharia (was immer genau darunter verstanden werden mag) nicht nur Sache einiger fundamentalistischer Außenseiter, sondern für viele Muslime wichtig ist.

Der praktische Geltungsvorrang, den der säkulare Staat für das von ihm gesetzte Recht beansprucht, schließt die Möglichkeit aus, dass Menschen sich mit der Berufung auf religiöses Recht grundsätzlich von der Beachtung der säkularen Rechtsnormen dispensieren lassen. Muslime, die darauf abzielen, die Scharia zur Grundlage der staatlichen Rechtsordnung zu erheben, oder die im Vorgriff auf einen künftigen islamischen Staat den Rechtsgehorsam gegenüber staatlichen Gesetzen aufkündigen, verfolgen damit ein verfassungsfeindliches Projekt, das der säkulare Rechtsstaat nicht dulden kann.[29] Aktive Bestre-

28 Vgl. Lorenz Müller, *Islam und Menschenrechte. Sunnitische Muslime zwischen Islamismus, Säkularismus und Modernismus* (Hamburg: Deutsches Orient-Institut, 1996), S. 321.

29 Angesichts der eindeutigen Minderheitensituation – nur etwa vier Prozent der in Deutschland lebenden Menschen sind Muslime, von denen wiederum nur ein kleiner Teil Sympathie für die Positionen der Islamis-

bungen in dieser Richtung machen, sofern sie sich in Rechtsverletzungen manifestieren, ggf. auch Maßnahmen staatlicher Strafverfolgung notwendig. Allerdings wäre es voreilig, hinter jeder Berufung auf die Scharia gleich eine Kampfansage an die Verfassungsordnung zu sehen, wie dies in den Berichten des Verfassungsschutzes teils geschieht.[30] Man erlebt nämlich oft, dass Muslime sich argumentativ auf die Scharia stützen, ohne dabei eine Antithese zum säkularen Rechtsstaat zu formulieren. Es kann sogar sein, dass sie dessen Akzeptanz im Horizont der Scharia für sich positiv begründen. Die oben diskutierte »Islamische Charta« des Zentralrats der Muslime in Deutschland (vgl. Kap. IV,3) bietet ein Beispiel für ein solches Denkmuster, das die faktische Anerkennung säkularer Rechtsnormen als Forderung der Scharia für die Situation der islamischen Diaspora rechtfertigt. Damit ist die formale Grunddifferenz zwischen Scharia und säkularem Recht zwar nicht verschwunden; wohl aber ist sie einer Weise konzipiert, dass sie

ten hegt –, müsste eine solche Politik allerdings entweder einen sehr langen Atem haben; oder sie wäre Ausdruck eines weitgehenden Wirklichkeitsverlustes, wie er bei religiösen Sektierern ja in der Tat gelegentlich zu verzeichnen ist.

30 Vgl. Bundesamt für Verfassungsschutz, *Verfassungsschutzbericht 2001*, S. 227f.: »Der Verweis auf die Scharia, das kanonische Gesetz des Islam, kennzeichnet den Absolutheitsanspruch der islamistischen Ideologie, die jedes säkulare (weltliche) Rechtssystem ablehnt, da dieses auf der Trennung von Staat und Kirche/Religion beruht. Die Scharia als unfehlbare, umfassende religiöse Pflichtenlehre hingegen bestimmt nicht nur das individuelle und häusliche Leben der Muslime, sie regelt vielmehr auch die sozialen und politischen Verhältnisse. Die hier formulierte Verpflichtung der Muslime auf das religiöse Gesetz schließt daher die Anerkennung einer pluralistischen Gesellschaftsordnung aus.« Der Verfassungsschutzbericht enthält zwar zahlreiche Zitate aus islamistischen Publikationen, in denen die Ablehnung der säkularen Verfassungsordnung klar ausgesprochen wird. Es liegt aber keineswegs in der Natur der Sache, dass jede Berufung auf die Scharia mit einer solchen verfassungsfeindlichen Einstellung verbunden ist.

den praktischen Geltungsvorrang des säkularen Rechts bestehen lässt und einer friedlichen Koexistenz von Menschen unterschiedlicher Religionszugehörigkeit im Rahmen einer säkularen Verfassungsordnung zumindest nicht im Wege steht.

Bei einer Bestimmung des Verhältnisses von Scharia und säkularem Recht darf außerdem eine Asymmetrie nicht vergessen werden, die darin besteht, dass die Scharia mehr ist als nur eine religiöse *Rechts*ordnung. Sie versteht sich als umfassende *Lebens*ordnung, die unter anderem *auch* – aber eben nicht nur – aus juridischen Normen besteht. Gegen legalistische Engführungen sieht Aziz Al-Azmeh in der Scharia »eine allgemeine Bezeichnung für die sittliche Ordnung, ähnlich wie *nomos* oder *dharma*«.[31] Zentrale Bereiche der Scharia, wie die Regeln, die das Verhältnis des Menschen zu Gott betreffen (Gebetspraxis, rituelle Waschungen, Speisevorschriften usw.), entziehen sich von vornherein einem juridischen Verständnis. Aber auch jene Teile der Scharia, die das soziale Verhältnis der Menschen untereinander regeln, bestehen nicht allein aus im engeren Sinne rechtlichen Vorschriften – man denke nur an die innerislamisch kontrovers diskutierten Bekleidungsregeln.[32] Von daher aber ist eine unmittelbare Konkurrenz mit den Normen des säkularen Rechtsstaats in vielen Fällen gar nicht gegeben. Es ist durchaus denkbar, dass Muslime ihr persönliches Leben sowie ihre individuelle und gemeinschaftliche religiöse Praxis strikt an der Scharia als einer religiös-ethischen Lebensordnung orientieren, ohne dass Konflikte mit den Ansprüchen des säkularen staatlichen Rechts auch nur entfernt ins Blickfeld geraten. Die im reformislamischen Denken durchgängig betonte Differenz zwischen *Scharia* und *Fiqh* – nämlich zwischen einer auf göttlichen Quellen beruhenden ethisch-religiösen »Wegweisung«[33] einerseits und einer in ihrer kon-

31 Al-Azmeh, *Die Islamisierung des Islam*, a.a.O., S. 30.

32 Vgl. dazu Yasemin Karakasoglu-Aydin, *Muslimische Religiosität und Erziehungsvorstellungen. Eine empirische Untersuchung zu Orientierungen bei türkischen Lehramts- & Pädagogik-Studentinnen in Deutschland* (Frankfurt a.M: IKO-Verlag, 2000).

33 Auf die ursprüngliche Bedeutung von Scharia als Wegweisung im Un-

kreten Kasuistik durchaus zeitbedingten und deshalb veränderbaren islamischen Jurisprudenz andererseits – ermöglicht auch konzeptionell die Überwindung der einseitigen Fixierung auf die juridische Komponente, mit der die Scharia in der öffentlichen Wahrnehmung, aber auch im islamistischen Lager oftmals geradezu identifiziert wird.[34]

Es gibt gleichwohl auch Beispiele für im engeren Sinne rechtliche Wirkungen der Scharia im Rahmen der Rechtsordnung eines säkularen Staates. Ein sehr komplizierter Bereich, in dem sich dies zeigt, ist das Internationale Privatrecht (IPR). Außerhalb des engen Kreises von IPR-Spezialisten wird kaum zur Kenntnis genommen, dass Scharia-Recht seit vielen Jahren als normative Grundlage für Entscheidungen deutscher Gerichte zur Anwendung kommt.[35] Dies geschieht z. B. bei Rechtsstreitigkeiten, die deshalb auf der Grundlage ausländischer Privatrechtsordnungen entschieden werden, weil die entsprechenden rechtlichen Verbindlichkeiten, etwa ein Ehevertrag, im Ausland nach dem dort geltenden Recht entstanden sind. So kann es sein, dass deutsche Gerichte über eine Ehescheidung nach ägyptischem oder marokkanischem Recht befinden müssen, weil die in Deutschland lebenden Partner ihre Ehe in Ägypten bzw. Marokko nach dortigem Recht – in diesem Fall also nach der Scharia – geschlossen haben. Da die deutschen Gerichte in ihrer Rechtsprechung selbstverständlich an die Grundprinzipien der eigenen Rechtsordnung gebunden sind, können sie die ausländischen Rechtsnormen allerdings nur unter dem Vorbehalt anwenden, dass diese mit dem deutschen »ordre public« vereinbar sind. Faktisch kann dies darauf hinauslaufen, dass die Gerichte sich um eine fallbezogene Interpretation der Scharia unter dem Vorbehalt der elementaren Prinzipien des Grundgesetzes bemühen müssen. Da-

terschied zu einem strikten Recht verweist z.B. Ali Merad, »Die Scharia – Weg zur Quelle des Lebens«, in: Schwartländer (Hg.), *Freiheit der Religion*, a.a.O., S. 392-393.

34 Zur Differenzierung zwischen Scharia und Fiqh vgl. Krämer, *Gottes Staat als Republik*, a.a.O., S. 51ff.

35 Zum Folgenden vgl. mit zahlreichen Beispielen aus der Rechtspraxis Rohe, *Der Islam – Alltagskonflikte ...*, a.a.O., S. 111ff.

bei stellen sich oft schwierige Fragen, etwa die Frage, ob und unter welchen Bedingungen auch polygame Ehen im Einzelfall in Deutschland rechtlich anerkannt werden können, wie dies gelegentlich geschehen ist. Aus rechts*politischer* Perspektive ist zu sagen, dass sich das Internationale Privatrecht unter Gesichtspunkten der Integration von dauerhaft in Deutschland lebenden Ausländern als sehr unbefriedigend erweist.[36] Wollten Muslime diesen Umweg nehmen, um Elemente der Scharia in Deutschland systematisch durchzusetzen, hieße dies, dass sie ihren Status als Ausländer in den Vordergrund stellen und auf Dauer verfestigen müssten – was der Etablierung des Islams in der deutschen Gesellschaft kaum dienlich sein dürfte.

Während die Scharia im Zusammenhang des Internationalen Privatrechts als das positive Recht des jeweiligen *ausländischen Staates* zur Anwendung kommt, bestehen auch Möglichkeiten, bestimmte Scharia-Normen im *inländischen* Rechtsverkehr wirksam werden zu lassen.[37] Beispielsweise ist es einem Erblasser unbenommen, Gesichtspunkte des Scharia-Erbrechts im Testament zu berücksichtigen (wobei der vom deutschen BGB vorgeschriebene »Pflichtteil« allerdings unberührt bleibt). Analoges gilt für die rechtliche Gestaltung von Wirtschaftsgeschäften, die ebenfalls an Prinzipien der Scharia orientiert sein können.[38] Ein Beispiel dafür wäre das mittlerweile vereinzelt auch in Eu-

36 Mit guten Gründen plädiert Rohe für eine Reform des deutschen IPR dahingehend, dass auch für dauerhaft in Deutschland lebende Ausländer das faktische Aufenthaltsland als Anknüpfungspunkt für das Eingehen und die Bewertung privatrechtlicher Verbindlichkeiten gelten sollte. Vgl. Mathias Rohe, »Rechtliche Perspektiven eines deutschen und europäischen Islam«, in: *Zabels Zeitschrift für ausländisches und internationales Privatrecht*, Bd. 64 (2000), S. 256-298, hier S. 288. Aus gesamteuropäischer Sicht argumentiert ähnlich Giorgio Conetti, »Concluding Remarks«, in: Silvio Ferrari/Anthony Bradney (Hg.), *Islam and European Legal Systems* (Aldershot u.a.: Ashgate, 2000) S. 199-203, hier S. 201.

37 Vgl. dazu Rohe, *Der Islam – Alltagskonflikte* ..., a.a.O., S. 128ff.

38 Vgl. Peter Heine, *Halbmond über deutschen Dächern. Muslimisches Leben in unserem Land* (München: List, 1997), S. 185ff.

ropa praktizierte »Islamic banking«, das statt fester Zinssätze Anteilseigentum an den mit Kredit unterstützten Unternehmen vorsieht und von bestimmten, aus religiösen Gründen verbotenen Wirtschaftsgütern (Alkoholika, Schweinefleisch, Lebensversicherungen usw.) Abstand hält.[39] In Europa lebende muslimische Juristen sind derzeit bestrebt, solche Möglichkeiten für die teils auch juridische Anwendung der Scharia innerhalb der bestehenden Rechtsordnungen auszuloten, praktikable Modell zu entwickeln und Rechtsgutachten (»Fatwas«) zu konkreten Streitfragen zu erstellen.[40] Dabei spielt das Internet, in dem sich z.B. »Cyberfatwas« abrufen lassen, eine immer wichtigere Rolle.[41] Tariq Ramadan stellt diese Entwicklung in die historische Perspektive der Herausbildung eines europäischen Fiqh, d.h. einer auf die Scharia gegründeten islamischen Jurisprudenz für Europa: »Es handelt sich hier ganz ausdrücklich um eine Entwicklung des Fiqh, der islamischen Gesetzgebung und Jurisprudenz, nach dem Prinzip der Anpassungsfähigkeit an die Umgebung. Das Vorgehen kann nur dynamisch, beharrlich, nuanciert und in steter Entwicklung sein. Es geht hier um einen tiefgreifenden Prozess der *Integration über das Recht*, indem diese Rechtsgutachten zusammengefasst einen Korpus angepassten Rechts bilden, einen Fiqh für den Westen. Dies ist während der vergangenen zwanzig Jahre in den westlichen Ländern bereits geschehen.«[42]

Bei muslimischen Intellektuellen in Europa klingt gelegentlich die

39 Vgl. Volker Nienhaus, »Zwischen Idealwelt und Weltwirtschaft. Islamische Ökonomie«, in: Kai Hafez (Hg.), *Der Islam und der Westen. Anstiftung zum Dialog* (Frankfurt a.M.: Fischer, 1997), S. 94-108, hier S. 98ff.

40 Eine Infrastruktur dafür ist derzeit auch in Deutschland im Entstehen. Vgl. dazu Gritt Klinkhammer, »Auf dem Weg zur Körperschaft des öffentlichen Rechts? Die Integration des Islam in Deutschland im Spannungsfeld von säkularer politischer Ordnung, Religionsfreiheit und christlicher Kultur«, in: Klinkhammer/Frick (Hg.), *Religionen und Recht*, a.a.O., S. 181-202, hier S. 191.

41 Detaillierte Auskünfte findet man etwa unter der Adresse *www.Cyberfatwa.com*.

42 Vgl. Ramadan, *Muslimsein in Europa*, a.a.O., S. 217f.

Perspektive an, im Sinne einer von Charles Taylor inspirierten »Politik der Anerkennung«[43] längerfristig auf die Eröffnung kollektiver rechtlicher Autonomiebereiche für Muslime hinzuwirken. Muslime sollten demnach z.B. die Option erhalten, alternativ zum staatlichen säkularen Familienrecht ihre Familienangelegenheiten nach der Scharia rechtlich zu regeln.[44] Vorsichtige Überlegungen in dieser Richtungen kommen etwa bei Murad Hofmann zu Wort. Zwar bekräftigt er, dass Muslime in einem freiheitlichen Rechtsstaat wie der Bundesrepublik Deutschland durchaus leben können. Er betont zugleich aber die Überlegenheit der historischen islamischen Reiche, die religiösen Minderheiten eine weitreichende *kollektive rechtliche Autonomie* eingeräumt hätten. Damit sei »das islamische Statut für Minderheiten das liberalste [...], das die Welt je gekannt hat«.[45] Auch wenn Hofmann ironisch vermerkt, dass Muslime die »Gewährung des liberalen islamischen Minderheitenstatus«[46] nicht unbedingt für sich selbst erwarten, lässt er durchblicken, dass er die Übertragung dieses Modells auf die Situation der muslimischen Diaspora im Prinzip für wünschenswert hielte. Wie bereits oben angesprochen (vgl. Kap. IV,3), sieht Hofmann im säkularen Staat allerdings nichts anderes als eine Variante des Weltanschauungsstaates – nämlich einen Staat der postreligiösen Säkularisten und/oder der säkularisierten Christen –, dessen positiv-rechtliche Normen für Muslime deshalb stets ein Moment fremdrechtlicher *Zumutung* enthalten. Der Anspruch auf einen Geltungsvorrang des staatlichen säkularen Rechts muss ihm unter dieser Voraussetzung als Ausdruck minderer Liberalität erscheinen. Hofmann verkennt dabei, dass der praktische Geltungsvorrang der säkularen staatlichen Rechtsordnung seinen Grund gerade

43 Vgl. Charles Taylor, »Die Politik der Anerkennung«, in: Amy Gutmann/Charles Taylor (Hg.), *Multikulturalismus und die Politik der Anerkennung* (Frankfurt a.M.: Fischer, 1993), S. 13-78.

44 Zu diesbezüglichen Forderungen vgl. Felice Dassetto, »The New European Islam«, in: Ferrari/Bradney (Hg.), *Islam and European Legal Systems*, a.a.O., S. 31-45, hier S. 39.

45 Hofmann, *Der Islam im 3. Jahrtausend*, a.a.O., S. 248.

46 Ebd., S. 257.

in den *Freiheitsrechten* hat, die ihrerseits einen offenen Pluralismus unterschiedlicher Überzeugungen und Lebensformen nach Maßgabe individueller Gleichberechtigung freisetzen (und insofern gerade *nicht* eine bestimmte Weltanschauung oder einen bestimmten »way of life« vorschreiben). Auch die Säkularität des staatlichen Rechts ist, wie dargestellt, eine Konsequenz der Freiheitsrechte – nämlich der Religionsfreiheit. Sollte der Staat den Geltungsanspruch des säkularen staatlichen Rechts partiell zurücknehmen, so würde dies daher, anders als Hofmann unterstellt, auf eine Relativierung des staatlichen Mandats für die Gewährleistung der Freiheit und auf einen effektiven *Verlust an Liberalität* hinauslaufen. An die Stelle des *offenen Pluralismus* der freiheitlichen Gesellschaft träte womöglich eine andere Form des Pluralismus: nämlich ein Nebeneinander mehr oder weniger in sich *geschlossener* und religionsrechtlich partiell autonomer Gruppen.

Bei einer fakultativen Einführung religiösen Familienrechts alternativ zum staatlichen Recht wäre eine solche Gefahr sehr real gegeben. Dies würde auch für eine frauenfreundlich weiterentwickelte, »modernisierte« Scharia gelten, und zwar schon deshalb, weil ein ausschließlich religiös konzipiertes Recht für Situationen eines Glaubenswechsels (z.B. für den Glaubenswechsel eines Ehepartners innerhalb einer religionsrechtlich geschlossenen Ehe) kaum in der Lage sein wird, liberale Lösungen bereitzustellen – es sei denn, es stünde für solche Fälle die Option eines Appells an *vorrangig gültige* säkulare staatliche Rechtsnormen offen. Der praktische Geltungsvorrang des staatlich gesetzten säkularen Rechts sollte als eine freiheitliche Errungenschaft deshalb keinesfalls zur Disposition gestellt werden. Im Übrigen steht es Muslimen natürlich frei, *zusätzlich* zu einer staatlichen, standesamtlichen Heirat, einen Eheabschluss auch religiös zu sanktionieren und zu feiern.[47] Analog zu kirchlichen Heiraten sind islamische Heiratsrituale

47 Auch die (von Muslimen gelegentlich als vorbildlich gelobte) seit einigen Jahren in Spanien bestehende Möglichkeit, dass eine nach islamischem Ritus geschlossene Ehe staatlich anerkannt wird, bedeutet nicht, dass Ehe- und Familienfragen deshalb islamischem Recht unterworfen wären. Vgl. dazu Javier Martinez-Torrón, »The Legal Status of Islam in Spain«,

in Deutschland und anderen europäischen Staaten eine mittlerweile gängige Praxis.

Bei aller Anerkennung, die der klassischen islamischen Toleranzkonzeption in historischer Sicht gebührt, wäre es nicht sinnvoll, sie gleichsam mit umgekehrten Vorzeichen auf die Situation der muslimischen Diaspora in Deutschland bzw. in Europa zu übertragen und daraus die Forderung nach einer partiellen Zurücknahme des säkularen staatlichen Rechts zugunsten religiösen Rechts abzuleiten.[48] Denn die klassische islamische Toleranz orientiert sich an einem *Nebeneinander vorgängig definierter religiöser Gruppen*, die (traditionell unter der Hoheit des islamischen Herrschers) ihre internen Angelegenheiten weitgehend eigenständig regeln und in Teilbereichen auch rechtliche Autonomie genießen. Für Grenzgänger, Konvertiten oder Menschen mit komplexen und wechselnden Loyalitäten gibt dieses Modell deshalb genauso wenig Raum wie für Menschen, die sich keiner bestimmten Religionsgemeinschaft zugehörig fühlen.[49] Demgegenüber ermöglicht die Religionsfreiheit als Menschenrecht einen offenen religiösen und weltanschaulichen Pluralismus (oder auch Multikulturalismus), in dem Menschen – als Einzelne und in Gemeinschaft mit Anderen – ihre Lebensweise in Freiheit selbst bestimmen können. Dies schließt für Muslime, so sie dies wollen, die Möglichkeit einer individuellen und gemeinschaftlichen Lebensgestaltung nach Grundsätzen der Scharia weitgehend mit ein. Als Alternative zum säkularen staatlichen Recht – und sei es begrenzt auf den Kreis der Muslime – kann die Scharia hingegen in einer freiheitlichen Gesellschaft nicht in Betracht kommen.

in: Ferrari/Bradney (Hg.), *Islam and European Legal Systems*, a.a.O., S. 47-71, hier S. 57.

48 Vgl. im Ergebnis ähnlich Rohe, *Rechtliche Perspektiven ...*, a.a.O., S. 291f.

49 Ein eher unfreiwilliger Beleg dafür ist Murad Hofmanns Versuch, den Atheisten – über die dogmatische Unterstellung, dass Religionslose irgend einer Sucht als ihrem »Götzen« frönen müssen – unter der Hand doch eine Religionszugehörigkeit als »Götzendiener« zuzusprechen und sie als solche (!) anzuerkennen (*Der Islam im 3. Jahrtausend*, a.a.O., S. 254).

3. Islamischer Religionsunterricht an öffentlichen Schulen

In der politischen Diskussion um die Integration der Muslime wird dem Thema Religionsunterricht ein besonderer Stellenwert eingeräumt. Dies geschieht aus guten Gründen. Denn zum einen hängt die Zukunft des Islams in Deutschland naturgemäß entscheidend davon ab, dass die islamischen Lehren und Lebenspraktiken von Generation zu Generation weitergegeben werden, was in vielfältiger Weise und an vielen Orten geschehen kann. Die spezifischen Erwartungen an den schulischen Religionsunterricht gehen dabei dahin, dass er – im Unterschied zu den vielfach autoritären Unterrichtspraktiken der »Koranschulen«[50] – die Vermittlung religiöser Inhalte mit moderner Didaktik und offener kommunikativer Auseinandersetzung verbinden soll. Für viele muslimische Eltern ist die Einführung eines islamischen Religionsunterrichts in der Schule daher ein zentrales Anliegen. Zum anderen ist der islamische Religionsunterricht zum »Testfall« dafür geworden, ob es gelingt, die Kooperation von Staat und Religionsgemeinschaften, deren rechtliche Regelung in Deutschland immer noch unter dem Begriff des »Staatskirchenrechts« firmiert, in Richtung eines der pluralistischen Gesellschaft angemessenen offenen *Religionsverfassungsrechts* weiterzuentwickeln.[51] In der Kontroverse um den islami-

50 Vgl. dazu die kritischen und zugleich differenzierenden Einschätzungen von Hasan Alacacioglu, *Außerschulischer Religionsunterricht für muslimische Kinder und Jugendliche in NRW. Eine empirische Studie zu Koranschulen in türkisch-islamischen Gemeinden* (Münster: LIT, 1999).

51 Vgl. dazu (mit zahlreichen Belegen aus der historischen und aktuellen Literatur) Ansgar Hense, »Staatskirchenrecht oder Religionsverfassungsrecht: mehr als ein Streit um Begriffe?«, in: Andreas Haratsch/Norbert Janz/Sonja Rademacher/Stefanie Schmahl/Norman Weiß (Hg.), *Religion und Weltanschauung im säkularen Staat. Assistententagung Öffentliches Recht 2001* (Stuttgart u.a.: Boorberg, 2001), S. 9-47.

schen Religionsunterricht findet die grundsätzliche Auseinandersetzung über die angemessene Gestaltung des Verhältnisses von Staat und Religionsgemeinschaften somit ihren aktuellen Brennpunkt. Dazu sollen in diesem Abschnitt einige systematische Überlegungen folgen.

Zur Beschreibung der deutschen Regelung des Verhältnisses von Staat und Religionsgemeinschaften trifft man in der Literatur gelegentlich auf den Begriff der »hinkenden Trennung«.[52] Dieser Begriff suggeriert, dass die hierzulande bestehende Kooperation zwischen Staat und Religionsgemeinschaften Ausdruck einer Inkonsequenz, nämlich einer nur halbherzigen Verwirklichung des Trennungsprinzips sei. Eine solche Sichtweise ist allerdings nicht zwingend. Denn die um der Religionsfreiheit willen gebotene Trennung von Staat und Religion muss keineswegs auf eine abstrakte Beziehungslosigkeit hinauslaufen. Tatsächlich haben sich bei der Ausgestaltung der Beziehung von Staat und Religionsgemeinschaften innerhalb Europas sehr unterschiedliche Formen entwickelt:[53] In England hat man die staatskirchenrechtliche Tradition formell fortgesetzt, gleichwohl aber in der politischen und rechtlichen Praxis – bis auf einige Relikte – eine faktische Ausdifferenzierung von Staat und Religion erreicht. Das Gegenmodell stellt der französische Laizismus dar, der nicht nur die institutionelle Trennung von Staat und Religionsgemeinschaften kennt, sondern außerdem jede förmliche Kooperation zwischen beiden weitgehend ausschließt. Die

52 Geprägt wurde der Begriff der »hinkenden Trennung« von Ulrich Stutz, *Die päpstliche Diplomatie unter Leo XIII: Nach den Denkwürdigkeiten des Kardinals Domenico Ferrata*. Abhandlungen der Preussischen Akademie der Wissenschaften. Philosophisch-Historische Klasse Nr.3 und 4 (1925), S. 54 (Fußnote).

53 Vgl. Richard Potz, »Die Religionsfreiheit in Staaten mit westlich-christlicher Tradition«, in: Schwartländer (Hg.), *Freiheit der Religion*, a.a.O., S. 119-134; Gerhard Robbers, »Das Verhältnis von Staat und Kirche in rechtsvergleichender Sicht«, in: Brugger/Huster (Hg.), *Der Streit um das Kreuz*, a.a.O., S. 59-68. Vgl. mit Blick besonders auf Muslime: W.A.R. Shahid/P.S. van Koningsveld, *Religious Freedom and the Position of Islam in Western Europe* (Kampen: Kok Pharos, 1995).

Situation in Deutschland und den meisten europäischen Staaten befindet sich zwischen diesen beiden Polen. Artikel 137 Absatz 1 der Weimarer Reichsverfassung (der über Artikel 140 GG ins Grundgesetz inkorporiert worden ist) bestimmt: »Es besteht keine Staatskirche.« Auf der Grundlage der prinzipiellen institutionellen Trennung hat sich gleichwohl ein rechtlich ausgestaltetes System staatlicher Kooperation insbesondere mit den christlichen Großkirchen, aber auch mit einigen anderen Religionsgemeinschaften, entwickelt. Die Kooperation erstreckt sich über viele Bereiche des gesellschaftlichen Lebens, von der Seelsorge in Gefängnissen oder beim Militär über die staatliche Einziehung von Kirchensteuern bis zum Religionsunterricht an öffentlichen Schulen. Einige Kooperationsfelder sind auf diejenigen Religionsgemeinschaften beschränkt, die den Status einer Körperschaft öffentlichen Rechts innehaben.

Für eine Kooperation mit den Religionsgemeinschaften gibt es seitens des Staates unterschiedliche Motive. Dazu zählt zunächst das naheliegende staatliche Interesse, die karitativen und sonstigen sozialen und kulturellen Dienstleistungen der Kirchen (oder auch anderer Religionsgemeinschaften) für die Gesellschaft zu nutzen. Ihre finanzielle Förderung kann den Staat davon entlasten, Angebote in diesen Bereichen neu zu schaffen. Dies ist unter Gesichtspunkten der Religions- und Weltanschauungsfreiheit unbedenklich, solange gewährleistet ist, dass sich nicht Formen informeller De-facto-Identifikation des Staates mit seinen vornehmlichen Kooperationspartnern ausbilden und solange die Ansprüche der Menschen, die den entsprechenden Religionsgemeinschaften nicht angehören (und dazu zählen auch die Nicht-Religiösen), angemessen berücksichtigt werden. Die Antworten der Bundesregierung und der nordrhein-westfälischen Landesregierung auf parlamentarische Anfragen zum Islam in Deutschland bzw. in Nordrhein-Westfalen haben allerdings einmal mehr deutlich gemacht, dass Muslime in die bestehenden Kooperationsstrukturen bislang nur unzureichend integriert sind.[54] Abgesehen von den vielen praktischen

54 Vgl. Antwort der Bundesregierung auf die Große Anfrage der CDU/CSU, a.a.O., S. 34ff.; und Antwort der Landesregierung NRW auf die

Problemen, die sich daraus für Muslime in den verschiedensten Lebensbereichen – vom Kindergarten bis zum Seniorenheim – ergeben, verweist dieser Befund auf eine Gerechtigkeitslücke, die die Legitimität des bestehenden Kooperationssystems auf Dauer gefährden muss.

Neben dem pragmatischen Interesse des Staates an der Förderung und Nutzung kirchlicher Sozialeinrichtungen werden auch andere Motive für eine Fortschreibung der bestehenden Kooperation angeführt. Isensee nennt als wichtigsten Grund die Wahrung der christlich geprägten kulturellen Identität, die als unverzichtbare Voraussetzung des demokratischen Rechtsstaats einer besonderen staatlichen Pflege bedürfe. Die Institutionen des Staatskirchenrechts, schreibt er, »hegen nationale europäische Kulturidentität. Die Kirchen tragen auf ihre Weise dazu bei, diese zu wahren und zu erneuern.«[55] Die im Begriff des »Staatskirchenrechts« angelegte Partikularität – nämlich die traditionelle Nähe des Staates zu den christlichen Kirchen als vornehmlichen Kooperationspartnern – bildet für Isensee nicht etwa einen Anachronismus, den es in Richtung eines pluralistisch konzipierten Religionsverfassungsrechts zu überwinden gilt, sondern beschreibt durchaus angemessen das Ziel einer Zusammenarbeit, die letztlich der kulturell-politischen *Selbsterhaltung des Staates* geschuldet sei.

Ein weiteres Motiv stellt die Erwartung dar, dass die Religionsgemeinschaften zur Festigung moralischer Haltungen und Bürgertugenden dienlich und deshalb staatlicher Unterstützung würdig seien. Solche Vorstellungen werden gerade im Zusammenhang des Religionsunterrichts häufig formuliert. So betont Martin Heckel: »Der weltliche Staat hat auch ein *eigenes Interesse* an der religiösen Bildung seiner Bürger, weil er sich aus der Förderung ihrer religiös motivierten Sozial- und Individualethik zugleich eine Festigung seiner eigenen sittlichen Grundlagen und Verfassungsvoraussetzungen verspricht.«[56] Im Un-

Große Anfrage 4 der Fraktion der FDP, *Landtag NRW* Drucksache 13/885 v. 9.7.2001, S. 33ff.

55 Vgl. Isensee, Die Zukunftsfähigkeit des deutschen Staatskirchenrechts, a.a.O., S. 87.

56 Martin Heckel, »Religionsunterricht für Muslime? Kulturelle Integra-

terschied zu Isensee, der von seinem partikularistischen Ansatz her einen islamischen Religionsunterricht prinzipiell ablehnt,[57] spricht sich Heckel für dessen Einführung aus. Positive Auswirkungen religiöser Erziehung für die Ausbildung sittlicher Haltungen erwartet er nicht nur von der christlichen Religion, sondern offenkundig von der Religiosität überhaupt. Wenn er im Blick auf Muslime die Befürchtung äußert, dass ohne einen schulischen Religionsunterricht »Hunderttausende muslimischer Kinder ihrer religiösen wie familiären Bindungen entfremdet werden [...] und orientierungslos den Freiheiten wie Gefahren der industriellen Erwerbs- und Vergnügungsgesellschaft und den Verführungen von Sekten und radikalen Ideologien ausgesetzt sind«,[58] dürfte er einigen Vertretern der islamischen Verbände aus dem Herzen sprechen, die oft ähnlich argumentieren und die moralpädagogische Funktion eines islamischen Religionsunterrichts in den

tion unter Wahrung der religiösen Identität. Ein Beispiel für die komplementäre Natur der Religionsfreiheit«, in: *Juristenzeitung*, 54. Jg. (1999), S. 741-758, hier S. 746. Vgl. ähnlich auch Stefan Mückl, »Staatskirchenrechtliche Regelungen zum Religionsunterricht«, in: *Archiv des öffentlichen Rechts* 122 (1997), S. 513-556, hier S. 518; 555.

57 Vgl. Isensee, Die Zukunftsfähigkeit des deutschen Staatskirchenrechts, a.a.O., S. 87: »Wenn der Religionsunterricht, die theologischen Fakultäten, die körperschaftlichen Rechte, die städtebaulichen Möglichkeiten der Importkultur des Islam geöffnet werden, verkehrt sich die Wirkung der staatskirchenrechtlichen Einrichtungen. Sie verstärken die Kräfte, welche die kulturelle Identität aufsprengen.« Vgl. ähnlich auch Hillgruber, Der deutsche Kulturstaat ..., a.a.O., S. 547: »Wenn daher auch Muslime in Deutschland individuell und kollektiv in den Grenzen der allgemeinen Gesetze Religionsfreiheit genießen, so ist es gleichwohl wegen des spezifischen geschichtlichen wie sachlichen Zusammenhangs von Christentum und politischer Kultur ein Gebot der Selbsterhaltung dieses Staates, das christliche Erbe als unaufgebbaren geistigen Besitzstand weiterzutragen. Insbesondere die Schule ist dafür der geeignete Ort [...].«

58 Heckel, Religionsunterricht für Muslime?, a.a.O., S. 742.

Vordergrund stellen.[59] Kritisch zu fragen wäre aber, ob von einem solchen Ansatz her, der den Religionen eine unverzichtbare moralpädagogische Rolle zuerkennt, die negative Religionsfreiheit (bzw. die weltanschauliche Freiheit der Nicht-Religiösen) nicht von vornherein zu kurz kommen muss.

Noch einmal anders ist eine Begründungsstruktur, die bei der staatlichen Aufgabe aktiver Grundrechtsförderung ansetzt. Der Staat, so das Argument, sei verpflichtet, Grundrechte nicht nur »formal« zu gewährleisten, sondern nach Möglichkeit auch Ressourcen für ihre *effektive Ausübung* bereitzustellen. In diesem Sinne argumentiert Gerhard Luf für eine staatliche Kooperation mit den Religionsgemeinschaften, die weder die Sonderstellung der kulturprägenden christlichen Kirchen befestigen noch im Sinne eines religiösen Kommunitarismus die moralpädagogischen Potenziale der Religionen ausschöpfen soll, sondern Chancengleichheit bei der Ausübung der Religionsfreiheit zum Ziel hat. Damit stellt Luf seinen Ansatz von vornherein in einen universalistischen, menschenrechtlichen Begründungszusammenhang: »Geboten ist die Förderung religiöser Öffentlichkeit, weil der Staat verantwortlich ist für die Freiheitschancen seiner Bürger. [...] Diese Förderung religiöser Freiheitschancen darf sich indessen nicht nur auf die geschichtlich mit dem Staat verwobenen religiösen Gemeinschaften beschränken, deren kultureller Stellenwert allein schon auf Grund einer gemeinsamen Geschichte Anerkennung finden kann.«[60]

Von allen Feldern der Kooperation zwischen Staat und Religionsgemeinschaften findet der Religionsunterricht derzeit mit Abstand das

59 Vgl. z.B. Thomas Schaible (Islamlehrer in Österreich und Mitglied des AK Islamischer Religionsunterricht in Bayern): »Die Wertevermittlung an die muslimischen Schüler beugt einem Abgleiten in Kriminalität und Haltlosigkeit vor.« Anhörung des Bayerischen Landtags zum Thema »Islamunterricht an den Schulen in Bayern« vom 25. Mai 2000 (Wortprotokoll, von den Rednern nicht autorisiert), S. 13.

60 Luf, Religiöse Freiheit, a.a.O., S. 91. Vgl. ähnlich auch die Argumentation von Schlaich, Radikale Trennung und Pluralismus, a.a.O.

größte öffentliche Interesse. Dass er als bekenntnisgebundener Unterricht die Zusammenarbeit zwischen Staat und Religionsgemeinschaften voraussetzt, geht aus Artikel 7 Absatz 3 GG hervor, der bestimmt: »Der Religionsunterricht ist in den öffentlichen Schulen mit Ausnahme der bekenntnisfreien Schulen ordentliches Lehrfach. Unbeschadet des staatlichen Aufsichtsrechtes wird der Religionsunterricht in Übereinstimmung mit den Grundsätzen der Religionsgemeinschaften erteilt. Kein Lehrer darf gegen seinen Willen verpflichtet werden, Religionsunterricht zu erteilen.« Obwohl der Staat demnach für die Organisation und Durchführung des Unterrichts verantwortlich ist, bedarf dieser der inhaltlichen Autorisierung durch die jeweils betroffenen Religionsgemeinschaften, die den Lehrplänen die »Übereinstimmung mit den Grundsätzen« ihres Glaubens attestieren müssen.[61] Der Grund für diese Auflage besteht darin, dass der säkulare Staat in Fragen des religiösen Bekenntnisses keine eigene Kompetenz beanspruchen kann. Solange der schulische Religionsunterricht auf der Grundlage des jeweiligen konfessionellen Bekenntnisses erteilt wird – wie dies in Artikel 7 GG als Regelfall vorgesehen ist[62] –, muss er sich die fehlende Kompetenz deshalb von den Religionsgemeinschaften gleichsam ausleihen. Die Alternativen zu diesem Modell *gemeinsamer Verantwortung* von Staat und Religionsgemeinschaften bestehen in einem nicht-bekenntnisgebundenen religionskundlichen Unterricht, wie er in Brandenburg als Bestandteil von LER (»Lebensgestaltung – Ethik – Reli-

61 Vgl. dazu Mückl, Staatskirchenrechtliche Regelungen zum Religionsunterricht, a.a.O., S. 528. Nach Mückl gilt das Gebot der Übereinstimmung »für alle inhaltlichen Fragen wie Lehrplan, Lehrmittel, Lehrmethode, nicht jedoch für den rein schulorganisatorischen Bereich wie die konkrete Stundenplangestaltung oder die Regelung der Rechtsstellung der Religionslehrer«.

62 Eine Ausnahme sieht Artikel 141 GG für solche Länder vor, die zum Zeitpunkt des Inkrafttretens des Grundgesetzes anderweitige Regelungen hatten. Auf diese »Bremer Klausel«, die ebenfalls für das Land Berlin gilt, hat sich auch das Land Brandenburg bei der Einführung seines nicht-bekenntnisgebundenen Lehrfaches LER berufen.

gionskunde«) allein vom Staat veranstaltet wird,[63] bzw. in den verschiedenen Formen eines allein von den Religionsgemeinschaften durchgeführten Religionsunterrichts; im Land Berlin findet Letzterer auch in den Schulen statt, bildet aber kein ordentliches Lehrfach im Sinne des Artikel 7 Absatz 3 GG.

Obwohl die Konferenz der Kultusminister bereits im Jahre 1984 beschlossen hatte, einen Religionsunterricht für Muslime einzurichten,[64] existieren bis heute lediglich provisorische Modelle. So finden Komponenten der »islamischen Unterweisung« im Rahmen des fakultativen muttersprachlichen Unterrichts, vor allem des Türkisch-Unterrichts statt, der in einigen Bundesländern (z.B. Baden-Württemberg, Saarland und Schleswig-Holstein) von den Konsulaten der »Herkunftsländer« organisiert wird, in anderen Bundesländern (z.B. Nordrhein-Westfalen, Niedersachsen, Rheinland-Pfalz) vom jeweiligen Kultusministerium getragen wird.[65] In Nordrhein-Westfalen hat man im Jahre

63 Überzogen sind Positionen, die dem Staat jede Kompetenz eines religionsbezogenen, auch eines nicht-bekenntnisgebundenen Unterrichts über religiöse Themen abzusprechen scheinen. So aber die Statements von Martin Heckel und Nadeem Elyas in der Anhörung des Bayerischen Landtags zum Thema »Islamunterricht an den Schulen in Bayern« vom 25. Mai 2000 (Wortprotokoll, von den Rednern nicht autorisiert). Vgl. Heckel, ebd., S. 9: »Wenn schon der schlichte Anblick eines Holzkreuzes als Eingriff in die Religionsfreiheit gewertet und für unzulässig angesehen wurde, dann erst recht eine religiöse Beeinflussung durch religionslose Religionskundelehrer.« Vgl. Elyas, ebd., S. 7: »Wir haben große Bedenken gegen die Beibehaltung der islamkundlichen Unterweisung, vor allem wegen der Einmischung des weltanschaulich neutralen Staates in Angelegenheit der Religionsgemeinschaft.«

64 Vgl. Heckel, Religionsunterricht für Muslime?, a.a.O., S. 747.

65 Einen aktuellen Überblick bietet Christoph Bochinger, »Islamischer Religionsunterricht in Deutschland – Zum aktuellen Diskussionsstand (2001)«, in: Renz/Leimgruber (Hg.), *Lernprozesse Christen Muslime*, a.a.O., S. 312-329. Vgl. auch die umfangreiche Zusammenstellung einschlägiger Aufsätze und Dokumente zur Lage in verschiedenen Bundesländern von

1999 in einem Schulversuch islamische Unterweisung in deutscher Sprache zum ordentlichen Lehrfach aufgewertet, dabei aber auf die Bekenntnisbindung bewusst verzichtet.[66] An der Universität Münster soll außerdem noch im Jahre 2003 ein erster Lehrstuhl für »Religion des Islam« eingerichtet werden. Den Vorgaben des Grundgesetzes zum Religionsunterricht, der nach Ansicht einiger Kommentatoren Grundrechtsstatus hat,[67] können die derzeit geltenden Regelungen nicht Genüge tun. Während Heckel die Meinung vertritt, dass diese provisorischen Angebote einer islamischen Unterweisung dem Grundgesetz zumindest näher stehen als ein völliger Verzicht auf jede Form religiöser Unterrichtung für Muslime,[68] hält Oebbecke die bestehen-

Peter Schreiner/Karen Wulff (Hg.), *Islamischer Religionsunterricht. Ein Lesebuch* (Münster: Comenius-Institut, 2001).

66 Vgl. Antwort der Landesregierung NRW auf die Große Anfrage der FDP, a.a.O., S. 52.

67 Vgl. Heckel, Religionsunterricht für Muslime?, a.a.O., S. 750: »Zu Recht wird aus Art. 7 III GG jedoch auch [d.h. über die institutionelle Garantie hinaus, H.B.] ein Grundrecht der Religionsgemeinschaften auf Einhaltung des ›Übereinstimmungsgebotes‹ mit ihren Religionsgrundsätzen abgeleitet, desgleichen ein Recht der Schüler und Eltern auf Teilhabe am Religionsunterricht, sofern ein solcher von der Landesverwaltung eingerichtet wurde.« Vgl. auch Mückl, Staatskirchenrechtliche Regelungen zum Religionsunterricht, a.a.O., S. 521f., der auf den Zusammenhang von Art. 7 III GG mit dem Grundrechtskatalog verweist. Anders Stefan Korioth, »Islamischer Religionsunterricht und Art. 7 III GG«, in: *Neue Verwaltungszeitschrift* 16 (1997), S. 1041-1049, hier S. 1046: »Der Staat aber kann [...] nur dann Religionsunterricht einrichten, wenn die Religionsgemeinschaften ihrerseits zur Kooperation und inhaltlichen Gestaltung bereit sind. Ein Recht der Eltern und Schüler auf Religionsunterricht wäre also von vornherein mit diesem Vorbehalt belastet. [...] Zu dem Angebot, das seinerseits Erforderliche zu diesem Unterricht beizutragen, ist der Staat allerdings verpflichtet.«

68 Vgl. Heckel, Religionsunterricht für Muslime?, a.a.O., S. 754.

den Regelungen für schlicht verfassungswidrig.[69] Weitgehend Einigkeit besteht jedoch in der Einschätzung, dass die derzeitige Situation verfassungsrechtlich problematisch und auf Dauer nicht haltbar ist. Vertreter der islamischen Verbänden sehen darin eine faktische Diskriminierung, die sie nicht länger hinzunehmen gewillt sind und gegen die sie mittlerweile auch gerichtlich vorgehen.

Was sind die Hindernisse, die der Einführung eines vollgültigen islamischen Religionsunterrichts entgegenstehen? Gelegentlich wird immer noch die Frage aufgeworfen, ob »der Islam« mit der freiheitlichen Verfassungsordnung vereinbar sei – eine Frage, die in solcher Abstraktheit gestellt, wenig Sinn ergibt. Absurd wird sie, wenn man sie auf den Vergleich zwischen zwei Texten – Koran und Grundgesetz – zuspitzt. Sollte das Grundgesetz, also eine Kodifikation moderner Verfassungsprinzipien, als Maßstab zur Bewertung religiöser Offenbarungsurkunden fungieren, müsste man konsequenterweise auch die Bibel aus der Schule entfernen, was natürlich niemand ernsthaft in Betracht zieht. Auch bei den deutschen Klassikern ließen sich zuhauf Differenzen gegenüber der in Artikel 3 GG normierten Gleichberechtigung der Geschlechter finden (»Der Mann muss hinaus ins feindliche Leben, doch drinnen waltet züchtig die Hausfrau«), ohne dass bisher Forderungen nach einer Purifizierung des Deutschunterrichts von entsprechenden Texten bekannt geworden wären. Dies zeigt, dass für eine verfassungsgemäße Gestaltung des schulischen Religionsunterrichts offenkundig nicht bestimmte Texte als solche, sondern die Weisen des hermeneutischen und didaktischen *Umgangs* mit ihnen entscheidend sind.

In der Diskussion um den islamischen Religionsunterricht richtet sich das Augenmerk mittlerweile denn auch hauptsächlich auf die Frage nach dem geeigneten Lehrpersonal und nach dem möglichen »Ansprechpartner« des Staates auf Seiten der Muslime. Der letztere Punkt steht derzeit im Vordergrund der Diskussion. Angesichts der nicht leicht überschaubaren und teils rapiden Veränderungen unterworfenen

69 Vgl. Oebbecke, Das deutsche Recht und der Islam, a.a.O., S. 320.

islamischen Verbandslandschaft[70] ergeben sich für die staatlichen Behörden hier schwer lösbare Probleme. Deshalb mögen Vorschläge auf den ersten Blick attraktiv erscheinen, die darauf hinauslaufen, den islamischen Religionsunterricht dauerhaft allein in staatlicher Regie durchzuführen. Mit Recht weist Martin Heckel jedoch darauf hin, dass dies ein Verstoß gegen das Prinzip der Säkularität wäre, wonach der Staat in Bekenntnisfragen nicht eigenmächtig handeln darf: »Der säkulare Staat hat auch kein Recht zur religiösen Nothilfe gegenüber seinen muslimischen Bürgern und Moscheevereinen.«[71] Eine Fürsorgepolitik gegenüber religiösen Minderheiten, die auf die förmliche Autorisierung von Seiten der Betroffenen verzichtet, wäre ein Rückfall in staatlichen Paternalismus, der sich für einen Rechtsstaat verbietet.

Da die Mehrheit der Muslime in Deutschland aus der Türkei stammt bzw. einen türkischen Familienhintergrund hat, liegt der Gedanke nahe, bei der Gestaltung des islamischen Religionsunterrichts mit staatlichen Institutionen der Türkei zusammenzuarbeiten. In der Tat haben die Länder bei der provisorischen Einrichtung der islamischen Unterweisung im Rahmen des muttersprachlichen Ergänzungsunterrichts, die in Nordrhein-Westfalen schon Mitte der 1980er Jahre etabliert wurde,[72] u.a. auf die Unterstützung durch türkische Behörden gesetzt. Aus der damaligen Sicht war dies zweifellos ein plausibles Vorgehen. Als Kooperationspartner des deutschen Staates bei der Ge-

70 Vgl. dazu Lemmen, Aktuelle Entwicklungen ..., a.a.O., der u.a. auf den wiederholten Ortswechsel des »Vereins Islamischer Kulturzentren« innerhalb der islamischen Spitzenvereinigungen verweist.

71 Heckel, Religionsunterricht für Muslime?, a.a.O., S. 745, Fußnote 27.

72 Zu Geschichte und Konzeption der islamischen Unterweisung in Nordrhein-Westfalen, die auch für andere Bundesländer als Vorbild gedient hat, sind verschiedene Aufsätze von Klaus Gebauer, dem langjährigen Vorsitzenden der entsprechenden Lehrplankommission, in einem Reader zusammengestellt worden: Landesinstitut für Schule und Weiterbildung (Hg.), *Religiöse Unterweisung für Schülerinnen und Schüler islamischen Glaubens in den Schulen des Landes Nordrhein-Westfalen (1979-1995)* (Soest: Landesinstitut, 1995).

staltung eines auf Dauer angelegten, vollgültigen islamischen Religionsunterrichts kommt ein Rückgriff auf türkische staatliche Stellen, wie er auch heute noch gelegentlich empfohlen wird, jedoch nicht in Frage. Denn zum einen würde dies darauf hinauslaufen, eine anachronistische Gastarbeiterideologie fortzuschreiben, wonach die Belange der hier lebenden Muslime am besten bei den Auslandsvertretungen ihrer »Herkunftsländer« aufgehoben seien. Zum anderen wäre es unter dem Gesichtspunkt der Religionsfreiheit illegitim, die Religionspolitik des türkischen Präsidiums für religiöse Angelegenheiten (Diyanet), das eine massive Kontrolle über das religiöse Leben in der Türkei ausübt, zur Maßgabe staatlichen Handelns in Deutschland zu machen.[73] Eine staatliche Behörde förmlich zum Kooperationspartner für die Gestaltung des islamischen Religionsunterrichts in Deutschland zu erheben, hieße letztlich, das verfassungsrechtliche Gebot der Trennung von Staat und Religionsgemeinschaften durch die Hintertüre zu unterlaufen. Daher scheidet auch dieser Weg aus.

Nach alldem bleiben als mögliche Ansprechpartner nur die islamischen Verbände bzw. Spitzenvereinigungen in Deutschland übrig. Diese erheben denn auch schon seit Jahren den Anspruch auf verbindliche Mitwirkung bei der Einrichtung eines islamischen Religionsunterrichts.[74] Der Islamrat für die Bundesrepublik Deutschland und der Zentralrat der Muslime in Deutschland haben zu diesem Zweck mittlerweile einen »Koordinierungsausschuss Islamischer Religionsunterricht« gebildet. In Nordrhein-Westfalen haben beide Spitzenvereinigungen gemeinsam Klage erhoben, um einen von ihnen mitbestimmten Religionsunterricht gerichtlich durchzusetzen; diese Klage ist vom Verwaltungsgericht Düsseldorf im November 2001 in erster Instanz

73 Vgl. Christine Langenfeld, »Integration und kulturelle Identität zugewanderter Minderheiten: Eine Herausforderung für das deutsche Schulwesen. Einführung in einige grundrechtliche Fragestellungen«, in: *Archiv des öffentlichen Rechts* 123 (1998), S. 375-407, hier S. 402.

74 Vgl. Ibrahim Cavdar, »Islamischer Religionsunterricht an deutschen Schulen«, in: *Recht der Jugend und des Bildungswesens – Zeitschrift für Schule, Berufsbildung und Jugenderziehung* 1993, S. 265-275.

abgewiesen worden.[75] Seit einigen Jahren entstehen nach dem Modell der 1998 gegründeten »Islamischen Religionsgemeinschaft Hessen« (IRH) islamische Verbände auf der Ebene einzelner Bundesländer, und zwar mit dem ausdrücklich formulierten Ziel, als Gesprächspartner für die Kultusministerien bei der Schaffung eines islamischen Religionsunterrichts zur Verfügung zu stehen. Ein Durchbruch ist dennoch bislang in keinem Bundesland gelungen.[76] Die Behörden haben offenbar nach wie vor starke Vorbehalte; diese gründen sich auf Zweifel an der Verfassungstreue mancher Moscheevereine sowie generell auf den Eindruck mangelhafter Transparenz und unzureichender Repräsentativität der Verbände. Es stellt sich deshalb die Frage, welche Kriterien eine islamische Vereinigung erfüllen muss, um den schulischen Religionsunterricht kooperativ mittragen zu können? Wie repräsentativ muss eine entsprechende Gruppierung für den Islam in Deutschland sein? Ist die Erwartung, dass es *einen* Ansprechpartner (im Singular) für die Muslime in Deutschland geben kann, realistisch bzw. überhaupt legitim? Wie weit lässt sich andererseits die Pluralität der islamischen Verbände bei der Organisation des Religionsunterrichts berücksichtigen?

Unbestritten ist zunächst das Kriterium der Verfassungstreue, kann doch dem Staat schlechterdings nicht abverlangt werden, einen Religionsunterricht zu veranstalten, der den Prinzipien des Grundgesetzes widerspricht.[77] Einsichtig ist ferner die Forderung nach eindeu-

75 Vgl. das Urteil des VG Düsseldorf vom 2. November 2001 (1 K 10519/98).

76 Der von der Islamischen Föderation Berlin getragene Religionsunterricht ist hier nicht zu berücksichtigen, weil der Religionsunterricht im Land Berlin weder den Charakter eines ordentlichen Lehrfaches hat noch in inhaltlicher Kooperation von Staat und Religionsgemeinschaften geschieht. Vielmehr gilt auch für Berlin die sog. Bremer Klausel des Artikel 141 GG.

77 Damit soll nicht gesagt sein, dass Religionsgemeinschaften die Verfassungsstruktur des Grundgesetzes in der Gestaltung ihrer internen Verhältnisse unmittelbar widerspiegeln müssen (was bekanntlich auch bei

tiger und klarer Mitgliedschaftsstruktur. Denn es darf nicht dazu kommen, dass muslimische Schülerinnen und Schüler von Staats wegen einem Religionsunterricht (als »ordentlichem Lehrfach«!) zugeordnet werden, wenn sie der den Unterricht mittragenden islamischen Vereinigung gar nicht angehören. Die Tatsache oder gar Vermutung, dass es sich bei den Betroffenen im weitesten Sinne um »Muslime« handelt, wäre als Kriterium schulischen bzw. schuladministrativen Handelns zu vage. Schon um des Schutzes der negativen Religionsfreiheit willen ist deshalb zu verlangen, dass die Zuordnung von Schülerinnen und Schülern zum Religionsunterricht aufgrund eines eindeutig nachvollziehbaren Willens der Betroffenen bzw. ihrer Eltern geschieht.[78] In diesem Sinne hat das Verwaltungsgericht Düsseldorf in seiner Entscheidung vom 2. November 2001 eine »durchgängige ›Legitimationskette‹ vom Ansprechpartner zur Basis der Religionsgemeinschaft« gefordert, die es im Falle der klagenden Spitzenvereinigungen – Islamrat und Zentralrat der Muslime in Deutschland – als nicht gegeben ansah; die von den Klägern vorgelegten Erklärungsvordrucke mit ca. 3.000 Unterschriften muslimischer Eltern seien dafür nicht ausreichend.

Darüber hinaus wäre es aus praktischen Gründen wünschenswert, wenn der mögliche islamische Kooperationspartner des Staates einen

der katholischen Kirche aufgrund ihres hierarchischen Kirchenverständnisses nicht der Fall ist). Vielmehr geht es um den *praktischen Respekt der staatlichen Verfassungsordnung* als Voraussetzung einer Kooperation zwischen Staat und Religionsgemeinschaften. Weiterreichende Forderungen z.B. nach einer internen Demokratisierung oder nach Beachtung der Gleichberechtigung der Geschlechter im Innern der Religionsgemeinschaften können nicht von Staats wegen durchgesetzt werden, sondern nur von den Angehörigen der entsprechenden Religionsgemeinschaft selbst.

78 Vgl. Hans Markus Heimann, »Materielle Anforderungen an Religionsgemeinschaften für die Erteilung schulischen Religionsunterrichts«, in: Haratsch u.a. (Hg.), *Religion und Weltanschauung im säkularen Staat*, a.a.O., S. 81-100, hier S. 84.

großen Teil der Muslime in Deutschland vertreten würde. Da für die Durchführung des Religionsunterrichts bestimmte Mindestzahlen von Schülerinnen und Schülern (in Nordrhein-Westfalen sind dies zwölf Personen) verlangt werden, mindert jede Zersplitterung der muslimischen Verbandslandschaft die Chancen für ein flächendeckendes Angebot. Dennoch kann es nicht Aufgabe des Staates sein, eine innerislamische Einigung durch eigenes Handeln zu fördern oder gar als Voraussetzung der Kooperation zu fordern. Wollte man von Staats wegen gar verlangen, dass Sunniten und Aleviten sich auf einen gemeinsamen Unterricht einigen (auch solche Vorstellungen waren in den Diskussionen der letzten Jahre häufig zu hören!), wäre das Projekt eines islamischen Religionsunterrichts auf unabsehbare Zeit auf Eis gelegt. Zwar ist es legitim, wenn die staatlichen Behörden auf negative Konsequenzen verweisen, die sich aus mangelnder Einigkeit der Muslime für die Entwicklung des Unterrichtsangebots zwangsläufig ergeben. Ansonsten aber muss es den islamischen Verbänden überlassen bleiben, ob und wieweit sie gewillt bzw. in der Lage sind, sich untereinander zu einigen. In diesen Prozess von Staats wegen zu intervenieren und ggf. einen Homogenisierungsdruck auf die Muslime auszuüben, wäre weder sinnvoll noch legitim. Der übliche Gebrauch des Singulars, wenn von »*dem* (künftigen) Ansprechpartner« die Rede ist, erweist sich deshalb als durchaus fragwürdig.

In der juristischen Literatur zum Thema werden teils zusätzliche Anforderungen an die muslimischen Verbände formuliert. So vertritt Stefan Korioth die Ansicht, dass nur diejenigen Religionsgemeinschaften, die den Status einer Körperschaft öffentlichen Rechts besitzen, als Kooperationspartner des Staates bei der Gestaltung des Religionsunterrichts in Frage kommen.[79] Damit aber wäre die Einrichtung eines islamischen Religionsunterrichts vorerst überhaupt nicht möglich, da derzeit kein muslimischer Verband den besagten Status besitzt. Gelegentlich wird sogar vorgeschlagen, die staatliche Kooperation mit mus-

79 Vgl. Korioth, Islamischer Religionsunterricht, a.a.O., S. 1047ff. Anderer Ansicht ist (mit der Mehrheit der Staatskirchenrechtler) Heckel, Religionsunterricht für Muslime?, a.a.O., S. 752.

limischen Verbänden davon abhängig zu machen, dass diese sich weitestgehend kirchlichen Strukturen annähern und somit gleichsam auf institutioneller Ebene einen »Euro-Islam« ausbilden. »Die christlichen Kirchen«, schreibt Hillgruber in diesem Sinne, »bilden also, zwar nicht mit ihrem Glaubensverständnis, wohl aber nach ihrer Verfassung, den Maßstab, dem andere Religionsgemeinschaften genügen müssen, um ebenfalls Kooperationspartner des Staates werden zu können.«[80] Muslimische Vertreter haben solche Forderungen nach einer weitreichenden Verkirchlichung des Islams als Zumutung, nämlich als Missachtung ihres Selbstverständnisses als einer »kirchenlosen Gemeinschaft« zurückgewiesen.[81]

Vom Primat der Religionsfreiheit her gedacht, kann der Staat religiösen Minderheiten nicht legitimerweise abverlangen, dass sie sich entweder in die vorgegebenen staatskirchenrechtlichen Strukturen einpassen oder sich mit einer marginalen Stellung in der Gesellschaft abfinden. Vielmehr gilt es umgekehrt, die etablierten Strukturen am Maßstab der Idee gleichberechtigter Freiheit daraufhin zu überprüfen, ob sie auch für Minderheiten und hierzulande »neue« religiöse Gruppierungen angemessene Partizipationsoptionen bieten. Dies setzt einen nicht von vornherein auf Kirchlichkeit hin verengten, offenen und flexiblen Rechtsbegriff von Religionsgemeinschaft voraus, wie ihn Heckel (und mit ihm die Mehrheit der Staatskirchenrechtler) vertritt: »Die Rechtsform der ›Religionsgesellschaft‹ ist keineswegs nach dem religionssoziologischen Modell der christlichen Kirche, geschweige denn nach dem theologischen Kirchenverständnis der katholischen bzw. evangelischen Theologie konzipiert. Ihre Offenheit und Ausfüllungsbedürftigkeit gewährleistet den Religionsgemeinschaften die Freiheit der eigenen theologischen Sinndeutung und die Freiheit zur hierarchischen Organisation nach ihrem theologischen Verständnis der göttli-

80 Hillgruber, Der deutsche Kulturstaat ..., a.a.O., S. 546.

81 Zum Selbstverständnis des Islams als einer kirchenlosen Gemeinschaft vgl. Wolf D. Ahmed Aries, »Das Kreuz in der Schule aus islamischer Sicht«, in: Brugger/Huster (Hg.), *Der Streit um das Kreuz in der Schule*, a.a.O., S. 191-201, hier S. 193f.

chen Offenbarung; das ist ihnen als ›eigene Angelegenheit‹ [...] garantiert.«[82]

Die Schwierigkeiten auf dem Weg zu einem islamischen Religionsunterricht lassen sich nicht leicht bewältigen, und es ist noch keineswegs ausgemacht, ob es gelingen wird, eine allseits befriedigende tragfähige Lösung zu finden. Es ist durchaus denkbar, dass im Zusammenhang einer sich verstärkenden Pluralisierung der Gesellschaft ein bekenntnisgebundener Religionsunterricht in der bisherigen Form auf Dauer nicht aufrechterhalten werden kann. Alternativen zugunsten einer stärkeren interreligiösen Zusammenarbeit oder auch in Richtung einer grundsätzlichen Preisgabe der Bekenntnisbindung sind seit längerem im Gespräch. So betont Sanem Kleff, Vorsitzende des Landesausschusses Berlin für multikulturelle Angelegenheiten der GEW: »Im Prinzip sehen wir als Gewerkschaft eine grundsätzliche Lösung der Frage, wie die Schule in einer multiethnisch und multireligiös strukturierten Gesellschaft organisiert sein sollte, in der strikten Trennung zwischen Staat und Religion. In der Konsequenz führt diese Trennung dazu, dass auch die jetzt in der Schule vertretenen evangelischen und katholischen Glaubensrichtungen aus der Schule heraus müssten.«[83]

Gegenüber dem laizistischen Entflechtungsmodell weist der konfessionelle Religionsunterricht allerdings auch spezifische Vorzüge auf. Denn er macht es möglich, unterschiedliche religiöse und nicht-religiöse Selbstverständnisse unter dem gemeinsamen Dach der öffentlichen Schule zur Geltung zu bringen, und zwar auf der Grundlage der Selbstartikulation der betreffenden Gemeinschaften. Er steht deshalb für ein Modell von Integration, das Pluralität in Fragen von Religion und Weltanschauung inhaltlich ernstnimmt. Außerdem ist der Religionsunterricht ein Beispiel dafür, dass der Staat Verantwortung für die

82 Heckel, Religionsunterricht für Muslime?, a.a.O., S. 752.

83 »Das Berliner Modell des Religionsunterrichtes steht zur Disposition.« Interview von Claudia Dantschke mit Sanem Kleff, Vorsitzende des Landesausschusses Berlin für multikulturelle Angelegenheiten der GEW, in: *SchiLfBlatt. Nachrichten für Lehrkräfte von Migranten*, 2001, Heft 9, S. 25-29, hier S. 27.

Förderung religiöser Freiheitsausübung übernimmt, ohne sich eine Kompetenz in Fragen religiöser Wahrheit anzumaßen. Dies spricht meines Erachtens dafür, den *Versuch* einer institutionellen und pädagogischen Weiterentwicklung des schulischen Religionsunterrichts zu unternehmen, und zwar unter Einbeziehung der Muslime, von deren Beteiligung die Legitimität des bekenntnisgebundenen Unterrichts auf Dauer entscheidend abhängt. Auf dem Weg dorthin ist von allen Beteiligten mehr Klarheit zu fordern: Während der Staat mit guten Gründen auf ein höheres Maß an Transparenz in der Mitgliedschaftsstruktur der islamischen Verbände dringt, haben die Sprecher der islamischen Verbände ihrerseits Recht, wenn sie mehr Verbindlichkeit auf Seiten der Kultusministerien bei der Festlegung derjenigen Kriterien anmahnen, denen etwaige muslimische Kooperationspartner des Staates genügen müssen. Ohne wechselseitige Offenheit wird sich das Gesprächsklima zwischen staatlichen Behörden und muslimischen Verbänden, das derzeit von zunehmendem Misstrauen geprägt zu sein scheint, vermutlich weiter verschlechtern. Nicht zuletzt an der Gesprächsfähigkeit aller Beteiligten wird sich aber entscheiden, ob der schulische Religionsunterricht in der multireligiösen Gesellschaft eine Zukunft hat.

VI Resümee

Verunsicherungen und Konflikte sind in einer religiös und weltanschaulich pluralistischen freiheitlichen Gesellschaft unvermeidlich. Denn religiöse und weltanschauliche – darunter auch religionskritische – Überzeugungen können, wenn sie wirkliche Überzeugungen sind, nicht auf den privaten Bereich beschränkt bleiben. Sie richten sich nach außen, drängen auf sichtbare und hörbare Manifestation, suchen öffentliche Anerkennung oder auch Widerspruch, wollen sich verständlich machen oder auch provozieren. Dabei geht es nicht allein um inhaltliche Fragen des Bekenntnisses und der rechten Lebensführung, sondern außerdem um die Behauptung der eigenen individuellen und gemeinschaftlichen Identität, also um Fragen von Respekt und Gleichberechtigung, Zugehörigkeit und Abgrenzung, Heimatrecht und Fremdheitsgefühl.

Nach dem späten Abschied von der allseits gepflegten Illusion, der Islam sei hierzulande lediglich eine vorübergehende »Gastarbeiter-Religion«, haben in den 1990er Jahren auch Muslime verstärkt begonnen, ihre Rechte auf öffentliche Präsenz und Mitgestaltung der Gesellschaft einzufordern. Dass dies nicht ohne Reibungen vonstatten geht, zeigen die teils mit großer Emotionalität ausgetragenen Konflikte um den Bau repräsentativer Moscheen, den Ruf des Muezzin, die Erlaubnis zum Schächten sowie das Kopftuch an Schule und Arbeitsplatz. Die Beobachtung, dass sich nicht nur unmittelbar Betroffene – etwa die Anwohner in Hörweite des Muezzinrufs – an den Auseinandersetzungen vehement beteiligen, ist ein Indiz dafür, dass dabei auch das Selbstverständnis der Gesellschaft mit zur Debatte steht.

In den genannten Konflikten bildet die Religions- und Weltanschauungsfreiheit, die im Grundgesetz der Bundesrepublik Deutschland den Rang eines grundrechtlich verbürgten Menschenrechts hat, einen unverzichtbaren Maßstab. Zwar bietet sie keine vorgefertigten Lösungen für alle konkreten Konfliktfälle an. Wohl aber formuliert sie eine normative Strukturvorgabe, die aus dem Anspruch einer freiheitlichen Demokratie folgt und deren Beachtung die Betroffenen im Verletzungsfall auch gerichtlich einklagen können. Es ist dies der Respekt vor der Freiheit der Menschen, ihr Leben in religiösen und weltanschaulichen Fragen selbst zu bestimmen, sich öffentlich zu einer Religion – oder auch zu keiner Religion – zu bekennen und ihr Leben ihrem Bekenntnis entsprechend zu gestalten, und zwar sowohl als Individuen wie in Gemeinschaft mit Anderen.

Der säkulare Rechtsstaat steht im Blick auf die aktuellen religionspolitischen Konflikte vor der doppelten Aufgabe, sowohl »Neutralität« in religiösen und weltanschaulichen Fragen zu wahren als auch eine Garantenfunktion für die Verwirklichung der Religions- und Weltanschauungsfreiheit zu übernehmen. Während dem Staat eine Kompetenz in Sachen religiöser *Wahrheit* prinzipiell nicht zusteht, hat er gleichwohl die Aufgabe, die Religions*freiheit* nach Maßgabe der Gleichberechtigung aktiv zu gewährleisten. Die rechtsstaatliche Säkularität ist (im Unterschied zum weltanschaulichen Säkularismus in all seinen Varianten) gerade durch dieses Spannungsverhältnis gekennzeichnet: Sie folgt einerseits aus dem Prinzip »*respektvoller Nicht-Identifikation*«, das dem Staat verbietet, mit einer bestimmten Religion (oder einer Gruppe von Religionen) ein privilegiertes Sonderverhältnis auf Kosten der Angehörigen anderer Religionen, einschließlich der Nicht-Religiösen, einzugehen. Und sie geht andererseits mit dem Anspruch einher, dass der säkularen staatlichen Rechtsordnung – gerade aufgrund ihrer Orientierung an der Freiheit – ein *praktischer Geltungsvorrang* gebührt, der im Konkurrenzfall auch gegenüber religionsrechtlichen Normen durchgesetzt werden muss.

Damit stellt sich zwangsläufig die Frage nach dem Verhältnis von Grundgesetz und islamischer Scharia. Den hier lebenden Muslimen wird in der öffentlichen Debatte vielfach unterstellt, dass ihnen die Säkularität von Staat und Recht eigentlich »fremd« sei, weil der Islam eine Einheit von Religion und Staat (»din wa dawla«) auf der Grundlage der Scharia vorsehe. Gelegentlich verbindet sich diese Unterstellung mit dem Plädoyer dafür, gegenüber Muslimen eine restriktive Auslegung der Religionsfreiheit zu praktizieren und ihnen die volle Gleichberechtigung mit den Angehörigen anderer Religionen, zumal den Mitgliedern der christlichen Kirchen, zu versagen. Demgegenüber ist jedoch zunächst daran zu erinnern, dass auch in Europa die institutionelle Trennung von Staat und Religionsgemeinschaften gegen langanhaltende Widerstände – nicht zuletzt auch gegen Widerstände der Kirchen – politisch *erkämpft* werden musste. Den säkularen Rechtsstaat als exklusiv westliches Modell zu begreifen oder gar als Bestandteil einer christlich geprägten »Leitkultur« gegen muslimische Partizipationsansprüche zu verteidigen, wäre deshalb historisch verfehlt und hieße zugleich, den freiheitlichen Anspruch des Säkularitätsprinzips durch dessen kulturalistische Okkupation ins Gegenteil zu verkehren. Hinzu kommt, dass die viel zitierte Formel »din wa dawla« zwar als Motto islamistischer Bewegungen fungiert, jedoch weder die historische Wirklichkeit des Verhältnisses von Staat, Recht und Religion im islamischen Raum angemessen beschreibt, noch die Ausrichtung der Mehrheit der Muslime repräsentiert. Vielmehr gibt es eine Vielfalt muslimischer Positionen zu Staat und Recht, die von integralistischer Vereinnahmung aller Lebensbereiche in ein geschlossenes religiöses Weltbild über pragmatische Arrangements mit den gegebenen Verhältnissen bis hin zu theologischen Würdigungen der Säkularität reichen.

Auch das Verhältnis von Scharia und säkularem Rechtsstaat erweist sich bei näherem Hinsehen als komplex. Während eine Minderheit von Islamisten die Scharia tatsächlich als prinzipielle Alternative zum säkularen Staat und Recht propagiert und aus dieser Haltung unter Umständen verfassungsfeindliche Aktivitäten betreibt, die der Rechtsstaat nicht hinnehmen kann, steht für liberale Muslime typischerweise eher der ethische Gehalt der Scharia im Vordergrund; als unmittelbar verbindlich erachten sie insbesondere diejenigen Teile der Scharia, die sich auf das Verhältnis des Menschen zu Gott beziehen (Ibadat). Manche Muslime zeigen auch Distanz gegenüber der Scharia; dies gilt insbesondere für Aleviten. Aber selbst in den verschiedenen konservativen Strömungen des sunnitischen Islams kann sich das Bekenntnis zur Scharia durchaus verbinden mit einer zumindest faktischen Akzeptanz der säkularen Rechtsordnung, jedenfalls für die Situation der muslimischen Diaspora – was Zweideutigkeiten und Unsicherheiten im Umgang mit dem in der Tat schwierigen Begriff der Säkularität gewiss nicht ausschließt. Es wäre von daher weder sachangemessen noch legitim, mit Hinweis auf die Bedeutung der Scharia die

Integrationsfähigkeit muslimischer Minderheiten pauschal in Abrede zu stellen oder besondere Einschränkungen der Religionsfreiheit für Muslime zu verlangen.

Die Spannung zwischen Wahrung der religiös-weltanschaulichen Neutralität und Übernahme einer Garantenfunktion bestimmt auch die Aktivitäten des Staates gegenüber dem Islam in der Diaspora. Auf der einen Seite steht der gebotene Respekt vor der Freiheit der Menschen, der eine interventionistische Religionspolitik nach dem Modell des türkischen Präsidiums für religiöse Angelegenheiten (Diyanet) ausschließt. Beispielsweise kann es nicht Aufgabe eines säkularen Rechtsstaats sein, unmittelbar auf die innere Entwicklung der islamischen Verbände Einfluss zu nehmen, eine innerislamische Ökumene von Sunniten und Aleviten zu verlangen oder sich gar zwecks Förderung eines »Euro-Islams« in islamisch-theologische Debatten einzumischen. Auch in Sachen des islamischen Religionsunterrichts kann der Staat nicht unter Hinweis auf die Uneinigkeit der islamischen Verbände die inhaltliche Gestaltung der Lehrpläne in eigener Regie durchführen oder subsidiär auf Richtlinien der Türkei zurückgreifen. Solche und ähnliche Varianten eines (konservativ, politisch-ökumenisch oder sozialdemokratisch intonierten) Paternalismus gegenüber religiösen Minderheiten, für die es in der Praxis zahlreiche Beispiele gibt, erweisen sich im Licht der Religionsfreiheit als überaus fragwürdig. Auf der anderen Seite ist der Staat ungeachtet seiner Nicht-Zuständigkeit in allen Fragen religiöser Wahrheit gleichwohl gefordert, für die Freiheit von Glaube, Bekenntnis und Religionsausübung in der sich weiter pluralisierenden Gesellschaft einzutreten. Mit der Bereitstellung einer Gerichtsbarkeit, vor der Individuen gegen persönliche Diskriminierungen und Verletzungen ihrer Religionsfreiheit klagen können, ist dies noch nicht ausreichend geleistet. So kommt der Staat nicht umhin, sich beispielsweise auch mit den islamischen Verbänden auseinanderzusetzen, wenn sie eine gleichberechtigte Partizipation der Muslime im System der Kooperation von Staat und Religionsgemeinschaften anmahnen. Wie schwierig die Einlösung dieses Postulats ist, zeigt sich in der aktuellen Kontroverse um die Einführung eines islamischen Religionsunterrichts an öffentlichen Schulen.

Bei alldem ist außerdem darauf zu achten, dass die Ansprüche kleiner Gruppen, z.B. innerislamischer Minderheiten, die in der öffentlichen Diskussion wenig präsent sind, nicht unter den Tisch fallen. Dasselbe gilt für die Rechte individueller Dissidenten, Konvertiten, »Synkretisten« oder solcher Menschen (insbesondere auch Frauen), die gegen konservative Vorstellungen von Tugend und Ehre verstoßen und unter Umständen auf Schutz gegen Mobbing und Vigilantentum angewiesen sind. Zwar haben religiöse Gemeinschaften das Recht, sich sowohl voneinander wie von einzelnen Dissidenten abzugrenzen. Sofern dies jedoch nachweislich mit massiver Verunglimpfung oder anderen Formen von Pression einhergeht, kann staatliches Eingreifen erforderlich und legitim sein. Dass sich dabei für einen freiheitlichen Rechtsstaat komplizierte Abwägungsprobleme stellen, liegt auf der Hand.

Die Verwirklichung der Religionsfreiheit in der multireligiösen Gesellschaft erweist sich demnach als eine komplexe Aufgabe, die nicht ein für allemal gelöst werden kann. Bei allen Schwierigkeiten besteht aber zugleich die Chance, dass die Religionsfreiheit eine Brücke bildet zwischen dem Anspruch der freiheitlichen Demokratie und dem Selbstverständnis religiöser Gemeinschaften, die in der pluralistischen Gesellschaft nicht umhin kommen, ihre Anliegen im Medium des modernen, säkularen Rechts zu artikulieren. Dieser Prozess hat auch bei den muslimischen Verbänden längst eingesetzt. Ob sich im Eintreten der Menschen für die *eigene Freiheit* zugleich das Bewusstsein für die Bedeutung der *Freiheit überhaupt* schärft, lässt sich zwar nicht mit Gewissheit voraussagen; und ob die Inanspruchnahme säkularer Rechtsnormen mit einem Verständnis für den freiheitlichen Gehalt der rechtsstaatlichen Säkularität einhergeht, bleibt vorerst ebenfalls eine offene Frage. Immerhin aber bietet die öffentliche Auseinandersetzung um die Religionsfreiheit Ansatzpunkte für Lernprozesse auf allen Seiten. Es kommt darauf an sie politisch zu nutzen.

VII Literatur

A'la Mawdudi, Abul, *The Islamic Law and Constitution* (Lahore: Islamic Publications, 3. Aufl. 1967).

A'la Maududi, Abul, *Islamische Lebensweise* (Beirut: The Holy Koran Publishing House, 1983).

Abdarraziq, Ali, »L'islam et les bases du pouvoir«, in zwei Teilen erschienen in: *Révue des Études Islamiques*, Bd. VII (1933), S. 353-391 und Bd. VIII (1934), S. 163-222.

Abou El Fadl, Khaled, »Legal Debates on Muslim Minorities. Between Rejection and Accomodation«, in: *Journal of Religious Ethics* 22 (1994), S. 127-162.

Abu Zaid, Nasr Hamid, *Islam und Politik. Kritik des religiösen Diskurses* (Frankfurt a.M.: dipa-Verlag, 1996).

Alacacioglu, Hasan, *Außerschulischer Religionsunterricht für muslimische Kinder und Jugendliche in NRW. Eine empirische Studie zu Koranschulen in türkisch-islamischen Gemeinden* (Münster: LIT, 1999).

Albert, Reiner/Dettling, Wilfried (Hg.), *Im Schatten der Politik. Einwirkungen auf das christlich-islamische Gespräch* (Altenberge: Oros Verlag, 2002).

Al-Azmeh, Aziz, *Die Islamisierung des Islam. Imaginäre Welten einer politischen Theologie* (Frankfurt a.M.: Campus, 1996).

Aldeeb Abu Sahlieh, Sami A., *Les Musulmans face aux droits de l'homme. Religion & droit & politique. Étude et documents* (Bochum: Dr. Winkler, 1994).

Alexy, Robert, *Theorie der Grundrechte* (Frankfurt a.M.: Suhrkamp, 2. Aufl. 1994).

Aries, Wolf D. Ahmed, »Konfliktlinien westlicher und islamischer Kulturvorstellungen«, in: Heitmeyer, Wilhelm/Dollase, Rainer (Hg.), *Die bedrängte Toleranz. Ethnisch-kulturelle Konflikte, religiöse Differenzen und die Gefahren politisierter Gewalt* (Frankfurt a.M.: Suhrkamp, 1996), S. 349-359.

Aries, Wolf D. Ahmed, »Das Kreuz in der Schule aus islamischer Sicht«, in: Brugger, Winfried/Huster, Stefan (Hg.), *Der Streit um das Kreuz in der Schule. Zur religiös-weltanschaulichen Neutralität des Staates* (Baden-Baden: Nomos, 1998), S. 191-201.

Balic, Smail, *Islam für Europa. Neue Perspektiven einer alten Religion* (Köln u.a.: Böhlau, 2001).

Bielefeldt, Heiner, *Philosophie der Menschenrechte. Grundlagen eines weltweiten Freiheitsethos* (Darmstadt: Wissenschaftliche Buchgesellschaft, 1998).

Bielefeldt, Heiner, *Symbolic Representation in Kant's Practical Philosophy* (Cambridge: Cambridge University Press, 2003).

Blumenberg, Hans, *Säkularisierung und Selbstbehauptung* (Frankfurt a.M.: Suhrkamp, 1974).

Bochinger, Christoph, »Islamischer Religionsunterricht in Deutschland – Zum aktuellen Diskussionsstand (2001)«, in: Renz, Andreas/Leimgruber, Stephan (Hg.), *Lernprozesse Christen Muslime. Gesellschaftliche Kontexte – Theologische Grundlagen – Begegnungsfelder* (Münster: LIT, 2002), S. 312-329.

Bock, Wolfgang, »Die Religionsfreiheit zwischen Skylla und Charybdis«, in: *Archiv des öffentlichen Rechts* 122 (1997), S. 444-475.

Böckenförde, Ernst-Wolfgang, »Staat – Gesellschaft – Kirche«, in: *Christlicher Glaube in moderner Gesellschaft*, Bd. 15 (Freiburg i.Br.: Herder, 1982), S. 5-120.

Böckenförde, Ernst-Wolfgang, »Die Bedeutung der Konzilserklärung über die Religionsfreiheit. Überlegungen 20 Jahre danach«, in: Böckenförde, Ernst-Wolfgang, *Religionsfreiheit. Die Kirche in der modernen Welt* (Freiburg i.Br.: Herder, 1990).

Böckenförde, Ernst-Wolfgang, »Notwendigkeit und Grenzen staatlicher Religionspolitik«, in: Thierse, Wolfgang (Hg.), *Religion ist keine Privatsache* (Düsseldorf: Patmos, 2000), S. 173-183.

Brugger, Winfried/Huster, Stefan (Hg.), *Der Streit um das Kreuz in der Schule. Zur religiös-weltanschaulichen Neutralität des Staates* (Baden-Baden: Nomos, 1998).

Brun, Jean, »Die Katastrophe der Säkularisierung«, in: *Kerygma und Dogma* VI (1977), Bd. IX., S. 242-251.

Bundesregierung, Antwort auf die Große Anfrage der Fraktion der CDU/CSU (»Islam in Deutschland«) vom 08.11.2000, *Deutscher Bundestag*, Drucksache 14/4530.

Campenhausen, Axel Freiherr von, »Religionsfreiheit«, in: Isensee, Josef/Kirchhof, Paul (Hg.), *Handbuch des Staatsrechts der Bundesrepublik Deutschland*, Bd. VI (Heidelberg: C.F. Müller, 1989), S. 369-434.

Casanova, José, *Public Religions in the Modern World* (Chicago: Chicago University Press, 1994).

Cavdar, Ibrahim, »Islamischer Religionsunterricht an deutschen Schulen«, in: *Recht der Jugend und des Bildungswesens – Zeitschrift für Schule, Berufsbildung und Jugenderziehung* (1993), S. 265-275.

Comte, Auguste, *Système de Politique Positive ou Traité de Sociologie, Instituant la Religion de l'Humanité.* Drei Bände (Nachdruck der Ausgabe von 1851, Osnabrück : Otto Zeller, 1967).

Conetti, Giorgio, »Concluding Remarks«, in: Ferrari, Silvio/Bradney, Anthony (Hg.), *Islam and European Legal Systems* (Aldershot u.a.: Ashgate, 2000), S. 199-203.

Dassetto, Felice, »The New European Islam«, in: Ferrari, Silvio/Bradney, Anthony (Hg.), *Islam and European Legal Systems* (Aldershot u.a.: Ashgate, 2000), S. 31-45.

Dilcher, Gerhard/Staff, Ilse (Hg.), *Christentum und modernes Recht. Beiträge zum Problem der Säkularisierung* (Frankfurt a.M.: Suhrkamp, 1984).

Ebeling, Hans, *Der multikulturelle Traum. Von der Subversion des Rechts und der Moral* (Hamburg: Europäische Verlagsanstalt, 1994).

Elyas, Nadeem, »Integration ist keine Einbahnstraße«, in: Hafez, Kai/Steinbach, Udo (Hg.), *Juden und Muslime in Deutschland. Minderheitendialog als Zukunftsaufgabe* (Hamburg: Deutsches Orient-Institut, 1999), S. 16-20.

El-Zayat, Sabiha, »Auf dem Weg zu einem selbstverständlichen Miteinander in einem pluralen Europa«, in: Hartmann, Thomas/Krannich, Margret (Hg.), *Muslime im säkularen Rechtsstaat. Neue Akteure in Kultur und Politik* (Berlin: Verlag Das Arabisch Buch, 2001), S. 29-36.

Feindt-Riggers, Nils/Steinbach, Udo, *Islamische Organisationen in Deutschland. Eine aktuelle Bestandsaufnahme und Analyse* (Hamburg: Deutsches Orient-Institut, 1997).

Ferrari, Silvio/Bradney, Anthony (Hg.), *Islam and European Legal Systems* (Aldershot u.a.: Ashgate, 2000).

Forndran, Erhard (Hg.), *Religion und Politik in einer säkularisierten Welt* (Baden-Baden: Nomos: 1991).

Forst, Reiner (Hg.), *Toleranz. Philosophische Grundlagen und gesellschaftliche Praxis einer umstrittenen Tugend* (Frankfurt a.M.: Campus, 2000).

Forstner, Martin, »Übersetzung und Kommentar zur ›Allgemeinen Islamischen Menschenrechtserklärung‹ des Islamrats für Europa von 1981«, in: *CIBEDO-Dokumentation* Nr. 15/16 (Juni/September 1982).

Gebauer, Klaus, [Mehrere Aufsätze], in: Landesinstitut für Schule und Weiterbildung (Hg.), *Religiöse Unterweisung für Schülerinnen und Schüler islamischen Glaubens in den Schulen des Landes Nordrhein-Westfalen (1979-1995)* (Soest: Landesinstitut, 1995).

Habermas, Jürgen, *Rede angesichts der Verleihung des Friedenspreises des Deutschen Buchhandels 2001* (Frankfurt a.M.: Börsenverein, 2001).

Haddad, Yvonne Y., »Sayyid Qutb: Ideologue of the Islamic Revival«, in: Esposito, Joseph L. (Hg.), *Voices of Resurgent Islam* (Oxford: Oxford University Press, 1983), S. 67-98.

Hafez, Kai (Hg.), *Der Islam und der Westen. Anstiftung zum Dialog* (Frankfurt a.M.: Fischer, 1997).

Haratsch, Andreas/Janz, Norbert/Rademacher, Sonja/Schmahl, Stefanie/Weiß, Norman (Hg.), *Religion und Weltanschauung im säkularen Staat. Assistententagung Öffentliches Recht 2001* (Stuttgart u.a.: Boorberg, 2001).

Hartmann, Thomas/Krannich, Margret (Hg.), *Muslime im säkularen Rechtsstaat. Neue Akteure in Kultur und Politik* (Berlin: Verlag Das Arabisch Buch, 2001).

Hassan, Riffat, »On Human Rights and the Qur'anic Perspective«, in: Swidler, Arlene (Hg.), *Human Rights in Religious Traditions* (New York: The Pilgrim Press, 1982), S. 51-65.

Heckel, Martin, »Religionsunterricht für Muslime? Kulturelle Integration unter Wahrung der religiösen Identität. Ein Beispiel für die komplementäre Natur der Religionsfreiheit«, in: *Juristenzeitung* 54. Jg. (1999), S. 741-758.

Heimann, Hans Markus, »Materielle Anforderungen an Religionsgemeinschaften für die Erteilung schulischen Religionsunterrichts«, in: Haratsch, Andreas/Janz, Norbert/Rademacher, Sonja/Schmahl, Stefanie/Weiß, Norman (Hg.), *Religion und Weltanschauung im säkularen Staat. Assistententagung Öffentliches Recht 2001* (Stuttgart u.a.: Boorberg, 2001), S. 81-100.

Heine, Peter, *Halbmond über deutschen Dächern. Muslimisches Leben in unserem Land* (München: List, 1997).

Heitmeyer, Wilhelm/Anhut, Reimund (Hg.), *Bedrohte Staatgesellschaft. Desintegrationsprozesse und ethnisch-kulturelle Konfliktkonstellationen* (Weinheim: Juventa, 2000).

Heitmeyer, Wilhelm/Dollase, Rainer (Hg.), *Die bedrängte Toleranz. Ethnisch-kulturelle Konflikte, religiöse Differenzen und die Gefahren politisierter Gewalt* (Frankfurt a.M.: Suhrkamp, 1996).

Hense Ansgar, »Staatskirchenrecht oder Religionsverfassungsrecht: mehr als ein Streit um Begriffe?«, in: Haratsch, Andreas/Janz, Norbert/Rademacher, Sonja/Schmahl, Stefanie/Weiß, Norman (Hg.), *Religion und Weltanschauung im säkularen Staat. Assistententagung Öffentliches Recht 2001* (Stuttgart u.a.: Boorberg, 2001), S. 9-47.

Herdtle, Claudia/Leeb, Thomas (Hg.), *Toleranz. Texte zur Theorie und politischen Praxis* (Stuttgart: Reclam, 1987).

Hesse, Konrad, *Grundzüge des Verfassungsrechts der Bundesrepublik Deutschland* (Heidelberg: C.F. Müller, 20. Aufl. 1995).

Hildebrandt, Mathias/Brocker, Manfred/Behr, Hartmut (Hg.), *Säkularisierung und Resakralisierung in westlichen Gesellschaften. Ideengeschichtliche und theoretische Perspektiven* (Opladen: Westdeutscher Verlag, 2001).

Hillgruber, Christian, »Der deutsche Kulturstaat und der muslimische Kulturimport. Die Antwort des Grundgesetzes auf eine religiöse Herausforderung«, in: *Juristenzeitung* 11 (1999), S. 538-547.

Hilpert, Konrad, *Die Menschenrechte. Geschichte – Theologie – Aktualität* (Düsseldorf: Patmos, 1991).

Hofmann, Murad Wilfried, *Der Islam im 3. Jahrtausend. Eine Religion im Aufbruch* (Kreuzlingen: Diedrichs, 2000).

Huber, Wolfgang/Tödt, Ernst Eduard, *Menschenrechte. Perspektiven einer menschlichen Welt* (Stuttgart: Kreuz Verlag, 1977).

Huntington, Samuel P., *The Clash of Civilizations and the Remaking of World Order* (New York: Simon & Schuster, 1996).

Huster, Stefan, »Die religiös-weltanschauliche Neutralität des Staates. Das Kreuz in der Schule aus liberaler Sicht«, in: Brugger, Winfried/Huster, Stefan (Hg.), *Der Streit um das Kreuz in der Schule. Zur religiös-weltanschaulichen Neutralität des Staates* (Baden-Baden: Nomos, 1998), S. 69-108.

Isensee, Josef, *Wer definiert die Freiheitsrechte? Selbstverständnis der Grundrechtsträger und Grundrechtsauslegung des Staates* (Heidelberg: C.F. Müller, 1980).

Isensee, Josef, »Die Zukunftsfähigkeit des deutschen Staatskirchenrechts. Gegenwärtige Legitimationsprobleme«, in: Isensee, Josef/Rees, Wilhelm/Rüfner, Wolfgang (Hg.), *Dem Staate, was des Staates, der Kirche, was der Kirche ist. Festschrift für Joseph Listl zum 70. Geburtstag* (Berlin: Duncker & Humblot, 1999), S. 67-90.

Johansen, Baber, »Staat, Recht und Religion im sunnitischen Islam. Können Muslime einen religionsneutralen Staat akzeptieren?«, in: *Essener Gespräche zum Thema Staat und Kirche* 20 (1986), S. 12-60.

Jonker, Gerdien (Hg.), *Kern und Rand. Religiöse Minderheiten aus der Türkei in Deutschland* (Berlin: Verlag Das Arabische Buch, 1999).

Jonker, Gerdien, *Eine Wellenlänge zu Gott: Der »Verband der Islamischen Kulturzentren« in Europa* (Bielefeld: transcript, 2002).

Kandel, Johannes, *Die Islamische Charta. Fragen und Anmerkungen* (veröffentlicht von der Friedrich-Ebert-Stiftung in Berlin, 2002).

Kandil, Fuad, »Muslime in der säkularen Gesellschaft«, in: Renz, Andreas/Leimgruber, Stephan (Hg.), *Lernprozesse Christen Muslime. Gesellschaftliche Kontexte – Theologische Grundlagen – Begegnungsfelder* (Münster: LIT, 2002), S. 29-43.

Kant, Immanuel, *Beantwortung der Frage »Was ist Aufklärung?«*, Akademie-Ausgabe, Bd. VII, S. 33-42.

Karakasoglu-Aydin, Yasemin, *Muslimische Religiosität und Erziehungsvorstellungen. Eine empirische Untersuchung zu Orientierungen bei türkischen Lehramts- und Pädagogik-Studentinnen in Deutschland* (Frankfurt a.M: IKO-Verlag, 2000).

Kepel, Gilles, *Das Schwarzbuch des Dschihad. Aufstieg und Niedergang des Islamismus* (München/Zürich: Piper, 2001).

Kerber, Walter (Hg.), *Säkularisierung und Wertewandel. Analysen und Überlegungen zur gesellschaftlichen Situation in Europa* (München: Kindt, 1986).

Kermani, Navid, *Iran. Die Revolution der Kinder* (München: C.H. Beck, 2000).

Kerygma und Mythos VI (1977), Bd. IX.

Khoury, Adel Theodor, *Toleranz im Islam* (München: Kaiser/Mainz: Grünewald, 1980).

Khoury, Adel Theodor, *Islamische Minderheiten in der Diaspora* (Mainz: Grünewald/München: Kaiser, 1985).

Khoury, Adel Theodor/Hagemann, Ludwig, »Dürfen Muslime auf Dauer in einem nicht-islamischen Land leben?«, in: Hagemann, Ludwig/Albert, Reiner (Hg.), *Dialog in der Sackgasse? Christen und Muslime zwischen Annäherung und Abschottung* (Würzburg: Echter, 1998), S. 93-105.

Khoury, Adel Theodor/Heine, Peter/Oebbecke, Janbernd, *Handbuch Recht und Kultur des Islams in der deutschen Gesellschaft* (Gütersloh: Gütersloher Verlagshaus, 2000).

Klinkhammer, Gritt, »Auf dem Weg zur Körperschaft des öffentlichen Rechts? Die Integration des Islam in Deutschland im Spannungsfeld von säkularer politischer Ordnung, Religionsfreiheit und christlicher Kultur«, in: Klinkhammer, Gritt/Frick, Tobias (Hg.), *Religionen und Recht. Eine interdisziplinäre Diskussion um die Integration von Religionen in demokratische Gesellschaften* (Marburg: Diagonal, 2002), S. 181-202.

Kohlhammer, Siegfried, *Die Feinde und die Freunde des Islam* (Göttingen: Steidl, 1996).

Korioth, Stefan, »Islamischer Religionsunterricht und Art. 7 III GG«, in: *Neue Verwaltungszeitschrift* 16 (1997), S. 1041-1049.

Krämer, Gudrun, *Gottes Staat als Republik. Reflexionen zeitgenössischer Muslime zu Islam, Menschenrechten und Demokratie* (Baden-Baden: Nomos, 1999).

Krüger, Herbert, *Allgemeine Staatslehre* (Stuttgart: Kohlhammer, 2. Aufl. 1966).

Landesinstitut für Schule und Weiterbildung (Hg.), *Religiöse Unterweisung für Schülerinnen und Schüler islamischen Glaubens in den Schulen des Landes Nordrhein-Westfalen (1979-1995)* (Soest: Landesinstitut, 1995).

Landesregierung NRW, Antwort auf die Große Anfrage 4 der Fraktion der FDP (»Muslime in Nordrhein-Westfalen«), *Landtag NRW* Drucksache 13/885 vom 9.7.2001.

Langenfeld, Christine, »Integration und kulturelle Identität zugewanderter Minderheiten: Eine Herausforderung für das deutsche Schulwesen. Einführung in einige grundrechtliche Fragestellungen«, in: *Archiv des öffentlichen Rechts* 123 (1998), S. 375-407.

Leggewie, Claus, *Alhambra – Der Islam im Westen* (Reinbek: Rowohlt, 1993).

Leggewie, Claus/Joost, Angela/Rech, Stefan, »Nützliche Moscheekonflikte? Lackmustest auf praktische Religionsfreiheit«, in: *Blätter für deutsche und internationale Politik*, Heft 7, 2002, S. 812-821.

Leggewie, Claus/Joost, Angela/Rech, Stefan, *Der Weg zur Moschee. Eine Handreichung für die Praxis* (Bad Homburg: Herbert-Quandt-Stiftung, 2002).

Leisner, Walter, »Geglaubtes Recht. Säkularisierte religiöse Grundlagen der Demokratie«, in: Isensee, Josef/Rees, Wilhelm/Rüfner, Wolfgang (Hg.), *Dem Staate, was des Staates, der Kirche, was der Kirche ist. Festschrift für Joseph Listl zum 70. Geburtstag* (Berlin: Duncker & Humblot, 1999), S. 115-128.

Lemmen, Thomas, *Islamische Organisationen in Deutschland* (Bonn: Forschungs- und Beratungszentrum der Friedrich-Ebert-Stiftung, 2000).

Lemmen, Thomas, *Muslime in Deutschland. Eine Herausforderung für Staat und Kirche* (Baden-Baden: Nomos, 2001).

Lemmen, Thomas, »Aktuelle Entwicklungen innerhalb der islamischen Organisationen in Deutschland«, in: Renz, Andreas/Leimgruber, Stephan (Hg.), *Lernprozesse Christen Muslime. Gesellschaftliche Kontexte – Theologische Grundlagen – Begegnungsfelder* (Münster: LIT, 2002), S. 73-88.

Lemmen, Thomas/Miehl, Melanie, *Miteinander leben. Christen und Muslime im Gespräch* (Gütersloh: Gütersloher Verlagshaus, 2001).

Lerner, Natan, »Der politische Kompromiss: Religion und Staat in Israel«, in: Kokott, Juliane/Rudolf, Beate (Hg.), *Gesellschaftsgestaltung unter dem Einfluss von Grund- und Menschenrechten* (Baden-Baden: Nomos, 2001), S. 259-271.

Lessing, Gotthold Ephraim, *Nathan der Weise* (Stuttgart: Reclam, 1964).

Link, Christoph, »Der staatskirchenrechtliche Rahmen der Religionsausübung und Religionspolitik in Deutschland im 20. Jahrhundert. Historische Einschnitte und aktuelle Situation«, in: Klinkhammer, Gritt/Frick, Tobias (Hg.), *Religionen und Recht. Eine interdisziplinäre Diskussion um die Integration von Religionen in demokratische Gesellschaften* (Marburg: Diagonal, 2002), S. 33-47.

Listl, Joseph, *Das Grundrecht der Religionsfreiheit in der Rechtsprechung der Gerichte der Bundesrepublik Deutschland* (Berlin: Duncker & Humblot, 1971).

Lübbe, Hermann, *Säkularisierung. Geschichte eines ideenpolitischen Begriffs* (Freiburg i. Br./München: Alber, 1965).

Luckmann, Thomas, *Die unsichtbare Religion* (Frankfurt a.M.: Suhrkamp, 1991).

Luf, Gerhard, »Die religiöse Freiheit und der Rechtscharakter der Menschenrechte. Überlegungen zur normativen Genese und Struktur der Religionsfreiheit«, in: Schwartländer, Johannes (Hg.), *Freiheit der Religion. Christentum und Islam unter dem Anspruch der Menschenrechte* (Mainz: Grünewald, 1993), S. 71-92.

Luhmann, Niklas, »Die Ausdifferenzierung der Religion«, in: *Gesellschaftsstruktur und Semantik. Studien zur Wissenssoziologie der modernen Gesellschaft*, Bd. 3 (Frankfurt a.M.: Suhrkamp, 1989), S. 259-357.

Lutz, Heinrich (Hg.), *Zur Geschichte der Toleranz und Religionsfreiheit* (Darmstadt: Wissenschaftliche Buchgesellschaft, 1977).

Martinez-Torrón, Javier, »The Legal Status of Islam in Spain«, in: Ferrari, Silvio/Bradney, Anthony (Hg.), *Islam and European Legal Systems* (Aldershot u.a.: Ashgate, 2000), S. 47-71.

Marty, Martin E./Appleby, R. Scott, *Herausforderung Fundamentalismus. Radikale Christen, Moslems und Juden im Kampf gegen die Moderne* (Frankfurt a.M.: Campus, 1996).

Marx, Karl, »Zur Judenfrage«, in: *Marx-Engels-Werke* (Ostberlin: Dietz, 1970), Bd. 1, S. 347-377.

Mayer, Ann Elizabeth, *Islam and Human Rights. Tradition and Politics* (Boulder: Westview, 1991).

Meier, Andreas, *Der politische Auftrag des Islam. Programme und Kritik zwischen Fundamentalismus und Reformen. Originalstimmen aus der islamischen Welt* (Wuppertal: Peter Hammer, 1994).

Merad, Ali, »Die Scharia – Weg zur Quelle des Lebens«, in: Schwartländer, Johannes (Hg.), *Freiheit der Religion. Christentum und Islam unter dem Anspruch der Menschenrechte* (Mainz: Grünewald, 1993), S. 392-393.

Meyer, Thomas (Hg.), *Fundamentalismus in der modernen Welt* (Frankfurt a.M.: Suhrkamp, 1989).

Ministerium für Arbeit, Gesundheit und Soziales des Landes Nordrhein-Westfalen, *Türkische Muslime in Nordrhein-Westfalen*, erstellt vom Zentrum für Türkeistudien (3. überarb. Aufl., 1997).

Montaigne, Michel de, *Die Essais* (Stuttgart : Reclam, 1969).

Morlok, Martin, Zu Artikel 4, in: Dreier, Horst (Hg.), *Grundgesetz-Kommentar*, Bd. I. (Tübingen: Mohr Siebeck, 1996).

Muckel, Stefan, *Religiöse Freiheit und staatliche Letztentscheidung. Die verfassungsrechtlichen Garantien religiöser Freiheit unter veränderten gesellschaftlichen Verhältnissen* (Berlin: Duncker & Humblot, 1997).

Muckel, Stefan, »Streit um den muslimischen Gebetsruf. Der Ruf des Muezzin im Spannungsfeld von Religionsfreiheit und einfachem Recht«, in: *Nordrhein-Westfälische Verwaltungsblätter* 12 (1998), S. 1-6.

Muckel, Stefan, »Religionsfreiheit für Muslime in Deutschland«, in: Isensee, Josef/Rees, Wilhelm/Rüfner, Wolfgang (Hg.), *Dem Staate, was des Staates, der Kirche, was der Kirche ist. Festschrift für Joseph Listl zum 70. Geburtstag* (Berlin: Duncker & Humblot, 1999), S. 239-257.

Mückl, Stefan, »Staatskirchenrechtliche Regelungen zum Religionsunterricht«, in: *Archiv des öffentlichen Rechts* 122 (1997), S. 513-556.

Müller, Herbert L., »Islamistische Organisationen in Deutschland im Blickfeld des Verfassungsschutzes«, in: Studienzentrum Weikersheim (Hg.), *Der fundamentalistische Islam. Wesen – Strategie – Ab-*

wehr (Weikersheim: Studienzentrum Weikersheim e.V., 1999), S. 111-131.

Müller, Herbert L., »Islamismus als politische Bewegung in Deutschland«, in: Albert, Reiner/Dettling, Wilfried (Hg.), *Im Schatten der Politik. Einwirkungen auf das christlich-islamische Gespräch* (Altenberge: Oros Verlag, 2002), S. 141-175.

Müller, Lorenz, *Islam und Menschenrechte. Sunnitische Muslime zwischen Islamismus, Säkularismus und Modernismus* (Hamburg: Deutsches Orient-Institut, 1996).

Müller-Volbehr, Jörg, »Das Grundrecht der Religionsfreiheit und seine Schranken«, in: *Die Öffentliche Verwaltung* 48 (1995), S. 301-310.

Nasir, Jamal J., *The Status of Women Under Islamic Law and Under Modern Islamic Legislation* (London u.a.: Graham & Trotman, 2. Aufl. 1994).

Nienhaus, Volker, »Zwischen Idealwelt und Weltwirtschaft. Islamische Ökonomie«, in: Hafez, Kai (Hg.), *Der Islam und der Westen. Anstiftung zum Dialog* (Frankfurt a.M.: Fischer, 1997), S. 94-108.

Oebbecke, Janbernd, »Das deutsche Recht und der Islam«, in: Khoury, Adel Theodor/Heine, Peter/Oebbecke, Janbernd, *Handbuch Recht und Kultur des Islams in der deutschen Gesellschaft* (Gütersloh: Gütersloher Verlagshaus, 2000), S. 287-327.

Paine, Thomas, *The Rights of Man. With an Introduction by Arthur Seldon* (London: J.M. Dent & Sons, 1906).

Pannenberg, Wolfhart, »Civil Religion? Religionsfreiheit und pluralistischer Staat: Das theologische Fundament der Gesellschaft«, in: Koslowski, Peter (Hg.), *Die religiöse Dimension der Gesellschaft. Religion und ihre Theorien* (Tübingen: Mohr Siebeck, 1985), S. 63-75.

Plé, Bernhard, »Säkularismus als Religion?«, in: Hildebrandt, Mathias/Brocker, Manfred/Behr, Hartmut (Hg.), *Säkularisierung und Resakralisierung in westlichen Gesellschaften. Ideengeschichtliche und theoretische Perspektiven* (Opladen: Westdeutscher Verlag, 2001), S. 97-116.

Potz, Richard, »Die Religionsfreiheit in Staaten mit westlich-christlicher Tradition«, in: Schwartländer, Johannes (Hg.), *Freiheit der Religion. Christentum und Islam unter dem Anspruch der Menschenrechte* (Mainz: Grünewald, 1993), S. 119-134.

Qutb, Sayyid, *Dieser Glaube. Der Islam* (Kuwait: Al Faisal Press, 1992).

Raddatz, Hans-Peter, *Von Gott zu Allah. Christentum und Islam in der liberalen Fortschrittsgesellschaft* (München: Herbig, 2001).

Ramadan, Tariq, *Muslimsein in Europa. Untersuchung der islamischen Quellen im europäischen Kontext* (Köln: MSV Verlag, 2001).

Rawls, John, *Political Liberalism* (New York: Columbia University Press, 1993).

Renz, Andreas/Leimgruber, Stephan (Hg.), *Lernprozesse Christen Muslime. Gesellschaftliche Kontexte – Theologische Grundlagen – Begegnungsfelder* (Münster: LIT, 2002).

Riedel, Eibe H., »Religionsfreiheit und völkerrechtliche Reziprozität«, in: Schwartländer, Johannes (Hg.), *Freiheit der Religion. Christentum und Islam unter dem Anspruch der Menschenrechte* (Mainz: Grünewald, 1993), S. 436-438.

Robbers, Gerhard, »Das Verhältnis von Staat und Kirche in rechtsvergleichender Sicht«, in: Brugger, Winfried/Huster, Stefan (Hg.), *Der Streit um das Kreuz in der Schule. Zur religiös-weltanschaulichen Neutralität des Staates* (Baden-Baden: Nomos, 1998), S. 59-68.

Rohe, Mathias, »Rechtliche Perspektiven eines deutschen und europäischen Islam«, in: *Zabels Zeitschrift für ausländisches und internationales Privatrecht*, Bd. 64 (2000), S. 256-298.

Rohe, Mathias, *Der Islam – Alltagskonflikte und Lösungen. Rechtliche Perspektiven* (Freiburg i.Br.: Herder, 2. Aufl. 2001).

Said al-Ashmawy, Muhammad, *L'islamisme contre l'islam* (Paris: La Découverte, 1989).

Salim Abdullah, Muhammad, *Geschichte des Islams in Deutschland* (Graz/Wien: Styria, 1981).

Schacht, Joseph, *An Introduction to Islamic Law* (Oxford: Clarendon Press, 1964).

Schieder, Rolf, *Wieviel Religion verträgt Deutschland?* (Frankfurt a.M.: Suhrkamp, 2001).

Schiffauer, Werner, *Die Gottesmänner. Türkische Islamisten in Deutschland* (Frankfurt a.M.: Suhrkamp, 2000).

Schlaich, Klaus, »Radikale Trennung und Pluralismus – Zwei Modelle der weltanschaulichen Neutralität des Staates«, in: Mikat, Paul

(Hg.), *Kirche und Staat in der neueren Entwicklung* (Darmstadt: Wissenschaftliche Buchgesellschaft, 1980), S. 427-451.

Schmitt, Carl, *Der Begriff des Politischen* (Berlin: Duncker & Humblot, 1963 – als Nachdruck der 2. Aufl. von 1934).

Schmitt, Carl, *Politische Theologie. Vier Kapitel zur Lehre von der Souveränität* (Berlin: Duncker & Humblot, 5. Aufl. 1990 – als Nachdruck der 2. Aufl. von 1934).

Schmitt, Thomas, *Moscheen in Deutschland – Konflikte um ihre Errichtung und Nutzung* (Diss. TU München, Fakultät für Wirtschafts- und Sozialwissenschaften, 2001).

Schnur, Roman (Hg.), *Zur Geschichte der Erklärung der Menschenrechte* (Darmstadt: Wissenschaftliche Buchgesellschaft, 2. Aufl. 1974).

Schreiner, Peter/Wulff, Karen (Hg.), *Islamischer Religionsunterricht. Ein Lesebuch* (Münster: Comenius-Institut, 2001).

Schwartländer, Johannes (Hg.), *Modernes Freiheitsethos und christlicher Glaube. Beiträge zur Bestimmung der Menschenrechte* (Mainz: Grünewald, 1981).

Schwartländer, Johannes, »Demokratie – Verwirklichung oder Gefährdung der Menschenrechte?«, in: ders. (Hg.), *Menschenrechte und Demokratie* (Kehl/Straßburg: N.P. Engel, 1981), S. 189-221.

Schwartländer, Johannes (Hg.), *Freiheit der Religion. Christentum und Islam unter dem Anspruch der Menschenrechte* (Mainz: Grünewald, 1993).

Senghaas, Dieter, *Wohin driftet die Welt? Über die Zukunft friedlicher Koexistenz* (Frankfurt a.M.: Suhrkamp, 1994).

Senghaas, Dieter, »Schluß mit der Fundamentalismus-Debatte! Plädoyer für eine Reorientierung des interkulturellen Dialogs«, in: *Blätter für deutsche und internationale Politik* (1995), S. 180-191.

Seufert, Günter, »Die Türkisch-Islamische Union der türkischen Religionsbehörde (DITIB). Zwischen Integration und Isolation«, in: Seufert, Günter/Waardenburg, Jacques (Hg.), *Turkish Islam and Europe. Türkischer Islam und Europa* (Istanbul/Stuttgart: Steiner, 1999), S. 262-293.

Seufert, Günter, »Die Milli-Görüs-Bewegung. Zwischen Integration und Isolation«, in: Seufert, Günter/Waardenburg, Jacques (Hg.),

Turkish Islam and Europe. Türkischer Islam und Europa (Istanbul/Stuttgart: Steiner, 1999), S. 295-322.

Shahid, W.A.R./Koningsveld, P.S. van, *Religious Freedom and the Position of Islam in Western Europe* (Kampen: Kok Pharos, 1995).

Spuler-Stegemann, Ursula, *Muslime in Deutschland. Informationen und Klärungen* (Freiburg i. Br.: Herder, 3. Aufl. 2002).

Stern, Klaus, *Das Staatsrecht der Bundesrepublik Deutschland*, Bd. III/1 (München: C.H. Beck, 1988).

Stolz, Rolf, *Kommt der Islam? Die Fundamentalisten vor den Toren Europas* (München: Herbig, 1997).

Stutz, Ulrich, *Die päpstliche Diplomatie unter Leo XIII: Nach den Denkwürdigkeiten des Kardinals Domenico Ferrata* (Abhandlungen der Preussischen Akademie der Wissenschaften. Philosophisch-Historische Klasse Nr. 3 und 4, 1925).

Talbi, Mohammed, »Religionsfreiheit – eine muslimische Perspektive«, in: Schwartländer, Johannes (Hg.), *Freiheit der Religion. Christentum und Islam unter dem Anspruch der Menschenrechte* (Mainz: Grünewald, 1993), S. 53-71.

Talbi, Mohammed, »Religionsfreiheit – Recht des Menschen oder Berufung des Menschen?«, in: Schwartländer, Johannes (Hg.), *Freiheit der Religion. Christentum und Islam unter dem Anspruch der Menschenrechte* (Mainz: Grünewald, 1993), S. 242-260.

Tan, Dursun, »Aleviten in Deutschland. Zwischen Selbstethnisierung und Emanzipation«, in: Jonker, Gerdien (Hg.), *Kern und Rand. Religiöse Minderheiten aus der Türkei in Deutschland* (Berlin: Verlag Das Arabische Buch, 1999), S. 65-88.

Taylor, Charles, »Die Politik der Anerkennung«, in: Gutmann, Amy/Taylor, Charles (Hg.), *Multikulturalismus und die Politik der Anerkennung* (Frankfurt a.M.: Fischer, 1993), S. 13-78.

Tezcan, Levent, »Kulturelle Identität und Konflikt. Zur Rolle politischer und religiöser Gruppen der türkischen Minderheitsbevölkerung«, in: Heitmeyer, Wilhelm/Anhut, Reimund (Hg.), *Bedrohte Staatgesellschaft. Desintegrationsprozesse und ethnisch-kulturelle Konfliktkonstellationen* (Weinheim: Juventa, 2000), S. 401-448.

Tezcan, Levent, »Inszenierungen kollektiver Identität, Artikulationen des politischen Islam – beobachtet auf den Massenversammlungen der türkisch-islamistischen Gruppe Milli Görüs«, in: *Soziale Welt* (2002), S. 303-324.

Tezcan, Levent, *Religiöse Strategien der »machbaren« Gesellschaft. Verwaltete Religion und islamistische Utopie in der Türkei* (Bielefeld: transcript, 2003).

Thierse, Wolfgang (Hg.), *Religion ist keine Privatsache* (Düsseldorf: Patmos, 2000).

Thomas von Aquin, *Summa theologica*, zitiert nach der zweisprachigen Ausgabe der Albertus-Magnus-Akademie, Walberberg bei Köln (München/Salzburg: Gemeinschaftsverlag, 1950).

Tibi, Bassam, *Im Schatten Allahs. Der Islam und die Menschenrechte* (München/Zürich: Piper, 1994).

Tibi, Bassam, *Die neue Weltunordnung. Westliche Dominanz und islamischer Fundamentalismus* (Hamburg: Propyläen, 1999).

Tocqueville, Alexis de, *Über die Demokratie in Amerika*. Zwei Bände (Stuttgart: Deutsche Verlagsanstalt, 1959/62).

Trautner, Bernhard, »Türkische Muslime, islamische Organisationen und religiöse Institutionen als soziale Träger des transstaatlichen Raumes Deutschland – Türkei«, in: Faist, Thomas (Hg.), *Transstaatliche Räume. Politik, Wirtschaft und Kultur in und zwischen Deutschland und der Türkei* (Bielefeld: transcript, 2000), S. 57-86.

Troll, Christian W., »Der Blick des Koran auf andere Religionen«, in: Kerber, Walter (Hg.), *Wie tolerant ist der Islam?* (München: Kindt, 1991), S. 47-69.

Troll, Christian W., »Tariq Ramadan – Vom ›Muslim in Europa‹ zum ›europäischen Muslim‹«, in: *Iranzamin. Echo der iranischen Kultur*, XII. (Jg. Winter 1999/Frühjahr 2000), S. 127-133.

Voltaire, »Abhandlung über die Toleranz anläßlich des Todes von Jean Calas (Auszüge)«, in: Herdtle, Claudia/Leeb, Thomas (Hg.) *Toleranz. Texte zur Theorie und politischen Praxis* (Stuttgart: Reclam 1987), S. 51-55.

Walther, Wiebke, »Die Frau im Islam«, in: Antes, Peter, u.a., *Der Islam. Religion – Ethik – Politik* (Stuttgart: Kohlhammer, 1991), S. 98-124.

Wielandt, Rotraud, *Offenbarung und Geschichte im Denken moderner Muslime* (Wiesbaden: Steiner, 1971).

Wierlacher, Alois (Hg.), *Kulturthema Toleranz. Zur Grundlegung einer interdisziplinären und interkulturellen Toleranzforschung* (München: iudicium, 1996).

Wiesmann, Helmut, »Der II. Religionsrat in Ankara (23. bis 27. November 1998). Interreligiöser Dialog, religionspolitische Entwicklungen und Lage der katholischen Kirche in der Türkei«, in: Albert, Reiner/Dettling, Wilfried (Hg.), *Im Schatten der Politik. Einwirkungen auf das christlich-islamische Gespräch* (Altenberge: Oros Verlag, 2002), S. 231-281.

Ye'or, Bat, *Der Niedergang des orientalischen Christentums unter dem Islam* (Gräfelfing: Resch Verlag, 2002).

Zakariya, Fuad, »Säkularisierung – eine historische Notwendigkeit«, in: Lüders, Michael (Hg.), *Der Islam im Aufbruch? Perspektiven der arabischen Welt* (München/Zürich: Piper, 1992), S. 228-245.

Zentralrat der Muslime in Deutschland, *Islamische Charta* (2002).

Zinser, Hartmut, »Wehrhafte Religionsfreiheit und religiöser Verbraucherschutz. Grenzen der Religionsfreiheit in der Bundesrepublik Deutschland«, in: Klinkhammer, Gritt/Frick, Tobias (Hg.), *Religionen und Recht. Eine interdisziplinäre Diskussion um die Integration von Religionen in demokratische Gesellschaften* (Marburg: Diagonal, 2002), S. 71-82.

Weitere Titel zum Thema

Ruth Klein-Hessling, Sigrid Nökel, Karin Werner (Hg.)
Der neue Islam der Frauen
Weibliche Lebenspraxis in der globalisierten Moderne. Fallstudien aus Afrika, Asien und Europa

1999, 324 Seiten,
kart., 24,80 €,
ISBN: 3-933127-42-4

Margaret Rausch
Bodies, Boundaries and Spirit Possession
Maroccan Women and the Revision of Tradition

2000, 275 Seiten,
kart., 28,80 €,
ISBN: 3-933127-46-7

Cynthia Nelson, Shahnaz Rouse (eds.)
Situating Globalization
Views from Egypt

2000, 362 Seiten,
kart., 29,80 €,
ISBN: 3-933127-61-0

Georg Stauth
Islamische Kultur und moderne Gesellschaft
Gesammelte Aufsätze zur Soziologie des Islams

2000, 320 Seiten,
kart., 29,80 €,
ISBN: 3-933127-47-5

Sigrid Nökel
Die Töchter der Gastarbeiter und der Islam
Zur Soziologie alltagsweltlicher Anerkennungspolitiken
Eine Fallstudie

2002, 340 Seiten,
kart., 26,80 €,
ISBN: 3-933127-44-0

Hans-Ludwig Frese
»Den Islam ausleben«
Konzepte authentischer Lebensführung junger türkischer Muslime in der Diaspora

2002, 350 Seiten,
kart., 25,80 €,
ISBN: 3-933127-85-8

Weitere Titel zum Thema

Margret Spohn
Türkische Männer in Deutschland
Familie und Identität. Migranten der ersten Generation erzählen ihre Geschichte

2002, 474 Seiten,
kart., 26,90 €,
ISBN: 3-933127-87-4

Georg Stauth
Politics and Cultures of Islamization in Southeast Asia
Indonesia and Malaysia in the Nineteen-nineties

2002, 302 Seiten,
kart., 30,80 €,
ISBN: 3-933127-81-5

Gerdien Jonker
Eine Wellenlänge zu Gott
Der Verband der Islamischen Kulturzentren in Europa

2002, 282 Seiten,
kart., 25,80 €,
ISBN: 3-933127-99-8

Levent Tezcan
Religiöse Strategien der »machbaren« Gesellschaft
Verwaltete Religion und islamistische Utopie in der Türkei

Januar 2003, 232 Seiten,
kart., 26,80 €,
ISBN: 3-89942-106-X